国家自然科学基金“中国VC境外投资中本土创投网.
创新网络跨境互动机理研究”（项目编号：72072105）
国家自然科学基金青年项目“基于网络结构视角的创投网络与创新网络互动机理研究”（项目编号：71702091）
国家自然科学基金“企业网络权力的形成机理、配置效率及其对合作行为的影响研究”（项目编号：71872014）
资助

创投网络与创新网络互动机制研究

常红锦　著

图书在版编目（CIP）数据

创投网络与创新网络互动机制研究/常红锦著. --北京：经济科学出版社，2023.4

ISBN 978-7-5218-4718-5

Ⅰ.①创… Ⅱ.①常… Ⅲ.①互联网络-应用-创业投资-研究 Ⅳ.①F830.59-39

中国国家版本馆CIP数据核字（2023）第074310号

责任编辑：于　源　刘　悦

责任校对：李　建

责任印制：范　艳

创投网络与创新网络互动机制研究

常红锦　著

经济科学出版社出版、发行　新华书店经销

社址：北京市海淀区阜成路甲28号　邮编：100142

总编部电话：010-88191217　发行部电话：010-88191522

网址：www.esp.com.cn

电子邮箱：esp@esp.com.cn

天猫网店：经济科学出版社旗舰店

网址：http://jjkxcbs.tmall.com

北京密兴印刷有限公司印装

710×1000　16开　13.25印张　220000字

2023年6月第1版　2023年6月第1次印刷

ISBN 978-7-5218-4718-5　定价：58.00元

前　言

创投网络和企业技术创新网络已经成为创投与创新的主要形式，二者作为创新体系中两个重要的子网络，在生产要素、人力资本和知识集合等众多方面存在交叉关系，相互依托。如美国硅谷，创投网络与技术创新网络的良性互动起到关键的作用。硅谷凭借它作为技术创新网络的本质特性接纳并成全了创投业的发展，反过来，创业投资促进了技术创新网络的发展壮大，最终缔造了“硅谷神话”。相反，128 公路地区自 20 世纪 80 年代后逐渐失去高科技发展的优势，走向衰落。究其原因，创投网络没有起到很好的支撑作用是一个重要的因素。我国处于转型时期，当前我国的目标是将我国建设成为创新型国家，自主创新是实现这一目标的核心任务和根本途径。然而，作为我国创新主体的企业，其自主创新能力还相对薄弱，创业投资行业的起步晚于欧美国家，虽然创投网络在一些地区已经比较成熟，但还未能与企业技术创新网络形成良性互动，充分发挥其作用。因此，在我国大力推进创投行业与技术创新发展政策的背景下，提高创投网络与技术创新网络良性互动效率，促进企业的创新产出成为亟须解决的问题。

本书基于网络结构视角，以网络开放性和知识多样化为主线，结合社会资本、信号等理论，利用跨案例和 Logit、负二项分布等分析方法，将创投网络与技术创新网络互动划分为三个阶段，从自中心和整体网络两个层面研究二者的互动机理。概括起来，本书的创新性成果主要表现为以下三个方面。

首先，从分析创投公司与企业的二元互动过程出发，将研究拓展到网络层面，分析创投公司关系网络对被投企业资源获取和关系构建的作用，及最终对被投企业技术创新网络的影响，进一步分析被投企业创新产出对创投公司关系构建的作用，及最终对创投网络的影响作用，厘清创投网络与企业技术创新网络的互动阶段，将创投网络与技术创新网络互动过程划分为三个阶段：T 期：创投网络对技术创新网络的影响；T+1 期：技术创新网络对企业创新产出的影响；T+2 期：创新产出对创投网络的影响。

其次，研究创投网络对企业创新网络的影响以及创投公司网络位置在此影响关系中的调节作用，完成 T 期研究。研究发现：(1) 处于开放—专业化创投网络中的创投公司所支持的企业与处于开放—多样化网络中的创投公司所支持的企业相比，更可能形成开放—专业化技术创新网络；(2) 处于封闭—多样化创投网络中的创投公司所支持的企业与处于封闭—专业化网络中的创投公司所支持的企业相比，更可能形成开放—专业化技术创新网络；(3) 处于封闭—多样化创投网络中的创投公司所支持的企业与处于封闭—专业化网络中的创投公司所支持的企业相比，更可能形成封闭—多样化技术创新网络；(4) 创投网络高中心位置强化了封闭—多样化网络中创投公司的能力机制作用，更可能使被投企业形成开放—专业化技术创新网络结构。但创投网络高中心位置弱化了嵌入开放—专业化网络中创投公司的能力机制作用，更可能使企业形成开放—专业化技术创新网络结构。

研究技术创新网络对企业创新产出的影响及企业技术创新网络位置在此影响关系中的调节作用，完成 T+1 期研究。研究发现：(1) 在开放技术创新网络中，与处于开放—多样化技术创新网络相比，处于开放—专业化技术创新网络中的企业的创新绩效更好；(2) 在封闭技术创新网络中，与处于封闭—专业化技术创新网络相比，处于封闭—多样化技术创新网络中的企业创新绩效更好；(3) 在技术创新网络中，高中心位置强化了开放—专业化技术创新网络对企业创新绩效的作用。高中心位置弱化了封闭—多样化技术创新网络对企业创新绩效的作用。

研究企业创新产出对创投网络的影响以及创投公司的创投网络位置在此影响关系中的调节作用，完成 T+2 期研究。研究发现：(1) 创新产出高的被投企业更有利于创投公司构建开放—专业化创投网络；(2) 创新产出高的被投企业更有利于创投公司构建封闭—多样化创投网络；(3) 创投公司网络中心性在企业创新产出和开放—专业化创投网络形成关系中具有正向调节作用；(4) 创投公司网络中心性在企业创新产出和封闭—多样化创投网络形成关系中具有正向调节作用。

最后，本书选择两对创投公司和被投企业，分别对两个案例进行分析，凝练其发生的关键投资事件和合作网络状态，并在单案例分析的基础上，跨案例验证创投网络与技术创新网络互动机理。从而提升了研究结论的可靠性。

本书旨在紧密结合我国技术创新管理实践，从网络层面研究创投网络与技术创新网络的互动机制，拓展了技术创新网络的研究，丰富了创投网络的研究，促进了两个研究领域的交叉和融合，有利于企业理解创投网络与企业创新网络互动过程，为创投公司和被投企业选择合适的合作伙伴，构建高效的创投、技术创新网络关系，建立有效的双网络关系提供参考，对于形成创投与技术创新网络良性互动机制，推进我国相关产业升级、实现创新型国家战略目标具有重要的现实意义。

在本书的研究过程中，本书作者所培养的硕士生和博士生做了大量的协助工作，硕士生周倩兰参与了第三章、第五章和第六章的部分假设撰写和数据处理工作，硕士生高翔荣参与了第七章的假设撰写和数据处理工作。博士生李泓颐做了部分校对工作。在此表示衷心的感谢！

常红锦

2023 年 3 月

目　　录

第一章

引　言

第一节　研究背景

一、现实背景

（一）技术创新网络成为企业创新的主要形式

在技术发展日新月异的今天，企业只有与其他企业合作才可能全面获取并掌握技术创新过程中所需要的最新信息与知识，因此，技术创新网络已经成为技术创新的主要模式，企业在创新过程中越来越需要根据自己的需求从所处的技术创新网络中搜寻并获取更多有价值的信息与知识资源。技术创新网络为企业创造一个有效的、便于技术知识共享和转移的环境，通过企业间的人员交流，成员企业间技术交叉，成员企业知识内化，将技术创新网络中的知识有效转移到各成员企业中，从而使企业的核心技术能力得到更新或强化。企业技术创新网络成员企业具有资源与能力的异质性、创新行为协同性、网络联结的开放动态性、创新成果共享性等特征。对于单个企业而言，企业技术创新网络拥有创新资源的整合、创新风险的减少、技术障碍的突破、溢出效应的获取、技术的不断进步等功能。统计数据显示，在美国、日本和欧洲，具有联盟性质的技术创新网络数量平均每年的递增速度超过30%（Collins & Doorley，1991）。平均每家全球500强企业拥有 60 个主要的合作关系。1996 ~ 2001 年，美国企业建立的战略联盟达到 57 000 个（Dyer et al.，2004）。与此同时，调查显示，中国的企业来自自身的创新资源仅有 30% 左右，而 70% 左右来自企业外部的其他合作企业。

近年来，大量战略联盟、供应链等技术创新网络涌现，这类网络组织具有复杂网络特征，主要表现为成员伙伴间在高技术产业以及技术创新等方面的合作。里克罗夫特和卡什（Rycroft & Kash）指出，21 世纪创新成功的关键在于构建并维持一个有效的创新网络。如宝洁公司就是通过无边界合作与共同研发，广泛搜寻与吸收外部合作网络的知识与能力，最终使公司提高了两倍多的创新成功率，而创新的成本却有两成的下降，同时为宝洁公司和合作企业带来合作价值。更典型地，AIRBUS 作为多个国家技术创新合作中创新网络的典范，以合作创新为宗旨，网络共同研发和设计，能够持续并且快速地推出 A380 等一系列飞机产品，巩固了其在国际民用飞机制造行业的领军地位。类似地，IBM 和海尔集团等公司也均是以技术创新网络为研发模式，依托它们所处的创新网络结构以及灵活的合作模式来共享并利用分散于网络中的多样化知识资源，以进行自身的技术创新。中国的华为公司利用其在硅谷的研发部门与所在地高新企业结成的技术创新网络，获取相关知识与信息等资源，掌握路由器等先进的技术，成为中国乃至世界 IT 界的领军企业。

技术创新网络中，网络封闭性和知识多样化是决定企业接触并理解网络信息的关键因素（Ter Wal，2016）。网络结构被认为塑造了成员可能从其社会资本中获取到的信息优势（Granovetter，1992）。开放网络有助于形成获取异质信息优势（Burt，2004），因为从互不联结的各方，即通过结构洞获取的信息可能不具有冗余性。但开放网络可能在理解方式方面存在限制（Shipilov & Li，2008），因为开放网络中信息提供者可能很少提供有助于理解信息的背景（Aral & Van Alstyne，2011），也缺乏信息准确性和无偏见的激励（Schilling & Fang，2014）。相反，嵌入封闭的、密集的网络被认为可以获取到详尽、深入的，更容易被解释的信息。在封闭的网络中，伙伴之间有许多共同的第三方联结，从而容易使它们对其互动关系产生信任和承诺，这种关系也容易产生信息冗余，从而需要更大的信息传输能力（Aral & Van Alstyne，2011）。但封闭网络中可能缺乏必要的异质性。乌兹（Uzzi，1996）认为，封闭关系特别是封闭网络中成员的重复互动会使成员间想法和见解产生趋同的风险。

网络成员理解信息的能力也有赖于网络成员知识的异质性。在专业化网络中，成员关注相似知识领域，大部分信息流通往往属于相似领域。而异质网络具有不相似知识的专业化成员，这样可以提供对不熟悉的信息的访问。因此，必须同时考虑网络结构和成员知识的多样化以完全理解成员如何获得并有效理解多样化信息（Ter Wal，2016）。

以美国苹果公司为例，在其智能手机业的发展中，从 iPhone 智能手机到 iPhone14 智能手机的推出，公司一直都采用单一化的产品策略，利用知识专业化的技术创新战略，嵌入自主研发的 IOS 操作系统，搭建唯一的 App Store 软件平台。与此同时，公司实施了“移动伙伴项目”构建多样化关系，创建开放式技术创新网络，与世界多个国家与地区的公司进行合作，与合作企业实现了共赢。苹果公司通过构建这种开放—专业化的网络配置成功地成为手机行业领军企业。类似地，小米公司确定“为发烧而生”的品牌策略，实施知识多样化的技术创新战略，在采用 Android 深度定制的 MIUI OS 前提下，提供小米、红米，以及 Note 等系列手机产品线。小米公司作为中国的新兴企业，其产品市场与创新合作的伙伴企业都集中在中国，即小米公司主要处于封闭的技术创新网络中，但由于小米构建了封闭—多样化网络配置，依然催生了华米、智米、飞米等互联网企业的发展。

（二）创投网络成为创业投资的主要形式

创新活动通常难以带来短期的回报，资金是企业技术创新活动的关键要素之一。创业投资已经成为高新企业融资的一条重要渠道，随着各种政策措施的推出，创业投资极大地促进了高新技术产业的发展及经济的增长。

自 1946 年美国 ARD 公司成立后，创业投资在世界范围内迅速发展。中国的第一家创投公司——中国新技术创业投资公司于 1985 年成立，第二年，国家科学技术委员会（现我国科技部）提出了中国创业投资发展的总体部署。此后，中国的创业投资业迅猛发展。到 2001 年，中国已经拥有亚洲最大的风险资本市场（Batjargal & Liu，2004）。到 2016 年底，中国创业投资机构数量达到 2 045 家，创业投资管理资本总额达到 6 653.3 亿元，投资的创业企业项目为 2 744 个，投资规模为 505.5 亿元，都较之前年份有很大提高。表1-1展示了2007~2016年中国创投市场发展情况。

表1-1　2007~2016年中国创投市场发展状况

年份	创投机构数（家）	管理资本总额（亿元）	投资创业项目（个）	投资规模（亿元）
2007	383	663.8	741	389.1
2008	464	1 112.9	506	339.5
2009	576	1 455.7	389	316.4
2010	720	1 605.1	1 225	376.6
2011	860	2 406.6	1 894	545.4
2012	1 183	3 198	1 502	356
2013	1 408	3 312.9	1 501	279
2014	1 551	3 573.9	2 459	374.4
2015	1 775	5 232.4	3 423	465.6
2016	2 045	6 653.3	2 744	505.5

资料来源：胡志坚，等．中国创业风险投资发展报告2017年［M］．北京：经济管理出版社，2017.

然而，创业投资活动面临高风险性、信息不对称等问题。联合投资具有分散风险、知识和信息资源共享等特征，成为解决高风险性和信息不对称等问题的“灵丹妙药”，受到创投公司的普遍青睐。近年来，中国的创业投资发展迅速，创投公司通过联合共同投资企业的方式越来越普遍，如美国的联合创业投资比接近80%，欧洲创业投资的所有交易中55%采取了联合创业投资，中国的联合投资也得到广泛的应用，中国风险投资研究院2009年对154家创投公司的329个投资项目的调查显示，有74.16%的项目采取联合投资方式。通过整理CV Source数据库中2006~2015年中国风险资本市场的相关数据，并以3年为移动时间窗，运用UCINET绘制了不同时期的创投网络图，形象地呈现了我国创投网络现象（见图1-1）。

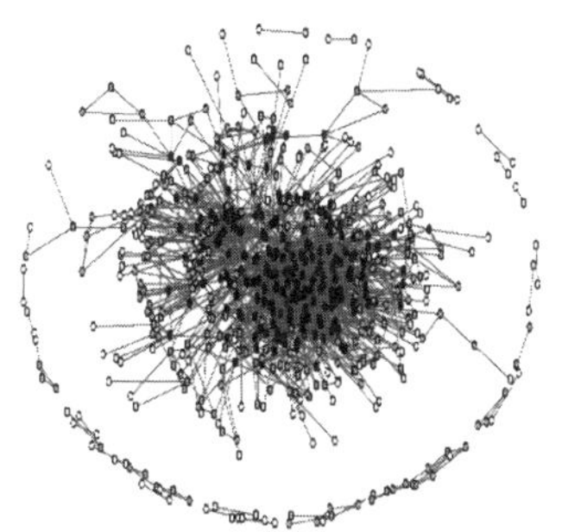

（a）2006~2008年创投网络

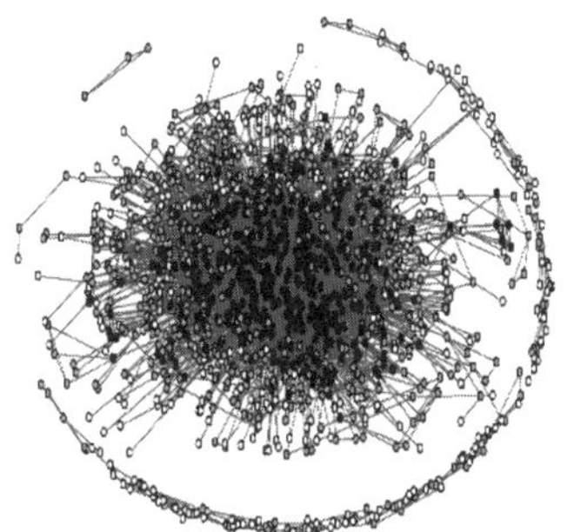

（b）2010~2012年创投网络

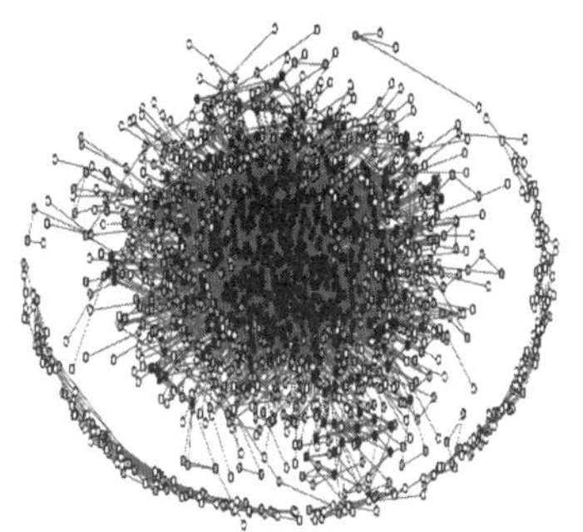

（c）2013~2015年创投网络

图1-1 不同时间窗口下的创投网络结构

图1-1展示的是2006~2008年、2010~2012年和2013~2015年3个时间段窗口下的创投网络结构。

从图1-1可以看出，由于联合投资，投资公司之间形成了创投网络，且整体网络的网络规模和网络密度也在逐年提高，并依据收集的数据计算每个时间段窗口下的网络规模、边数、网络密度和平均路径长度四个指标，创投网络结构特征的统计结果如表1－2所示。从表1－2可以看出，网络中的成员数和边数呈增长趋势，网络密度则是呈下降趋势，而平均路径长度呈现的是波动性增长趋势，表明创投公司嵌入在较为复杂的联合投资网络中。

表1－2　　创投网络结构特征

时间窗口	网络规模	边数	网络密度	平均路径长度
2006～2008年	884	1 843	0.0047	3.700
2007～2009年	1 053	1 964	0.0035	3.857
2008～2010年	1 328	2 640	0.0030	3.789
2009～2011年	1 779	3 793	0.0024	3.777
2010～2012年	1 991	4 142	0.0021	3.835
2011～2013年	1 912	3 437	0.0019	3.964
2012～2014年	1 687	2 522	0.0018	4.074
2013～2015年	2 554	5 476	0.0017	3.972

总体而言，创业投资业已经出现了合作与协调、整合资源共同进步的趋势，呈现出显著的网络化特点。由此可见，创业投资公司间的网络化发展特征越来越明显，创投网络已然成为创业投资的重要组织形式。创投网络具有信息和资源共享的功能且能够作为创投公司之间交换信息和资源的"管道"，并使创投公司获取异质性资源，进而为企业带来新颖信息、知识、资源，积极协助企业提高业务能力、分担技术创新风险、促进技术成果转化，提升企业创新绩效。

（三）创投网络与技术创新网络相互依托

联合投资与合作创新的出现与发展使创投网络和企业技术创新网络成为创业投资与创新的主要形式，二者作为创新体系中两个重要的子网络，在生产要素、人力资本和知识集合等众多方面存在交叉关系，相互依托。如美国硅谷，创投网络与技术创新网络的良性互动起到关键的作用。硅谷凭借它作为技术创新网络的本质特性接纳并成全了创投业的发展，反过来，创业投资促进了技术创新网络的发展壮大，最终缔造了“硅谷神话”。相反，128公路地区自20世纪80年代后逐渐失去高科技发展的优势，走向衰落。究其原因，创投网络没有起到很好的支撑作用是一个重要的因素。

我国处于转型时期，自主创新是我国当前发展战略的核心任务，是实现建设创新型国家目标的根本途径。党的十九届五中全会公报提出，“‘十四五’期间，要坚持创新在我国现代化建设全局中的核心地位，把科技自立自强作为国家发展的战略支撑，强化国家战略科技力量，提升企业技术创新能力”。企业是创新的微观主体，随着创业投资的兴起与发展，越来越多的企业被创业投资机构发掘和培育，创业投资公司能够为企业提供资金和非资本增值服务，促进技术创新。与此同时，创业投资公司本身也收到丰厚的回报和重要的创新信息，反过来对创业投资公司产生重要的影响。《国务院关于大力推进大众创业万众创新若干政策措施的意见》中指出，“要不断扩大社会资本参与新兴产业创投计划参股基金规模，逐步建立支持创业创新和新兴产业发展的市场化长效运行机制，发展联合投资等新模式”。然而，我国企业自主创新能力还相对薄弱，创业投资起步较晚，虽然在一些地区已经形成较成熟的创投网络，但还未能与企业技术创新网络形成良性互动，充分发挥其作用。如何促进创业投资与创新的良性互动是提高企业创新产出的关键所在，也是提高我国创业投资机构回报，推动我国高新技术产业自主创新能力，实施党的十九大提出的创新驱动发展战略的关键问题。

二、理论背景

（一）创投网络相关研究

创业投资于20世纪40年代在美国开始出现并且取得了较大的成功。随着创业投资及联合投资的相继出现与兴起，学者们开始关注创投网络，最早对创投网络展开研究的是索伦森和斯图尔特（Sorenson & Stuart，2001）以及波多尔尼（Podolny，2001）在 *American Journal of Sociology* 上发表的两篇文章。霍奇伯格（Hochberg，2007）指出，创投网络具有提升创投公司投资绩效的作用，从此学术界掀起了创投网络的研究高潮。2010年开始有学者对创投网络的演进进行研究。

学者们主要从创投网络关系、结构、位置等视角展开研究，其中网络结构视角方面，学者们围绕哪种网络结构更能提供信息优势这一问题展开研究：开放的、富有结构洞的稀疏网络结构，还是拥有许多共同第三方关系的密集网络结构（Burt，2005）？开放网络被认为有助于形成获取异质信息优势（Burt，2004），因为从互不联结的各方，即通过结构洞获取的信息可能不具有冗余性。相反，嵌入封闭的、密集的网络被认为可以获取详尽的、深入的、更容易被解释的信息。在封闭的网络中，伙伴之间有许多共同的第三方联结，从而容易使它们对其互动关系产生信任和承诺，这种关系也容易产生信息冗余，从而需要更强的信息传输能力（Uzzi，1996；Reagans & McEvily，2003；Aral & VanAlstyne，2011）。问题是网络成员如何获取它们可以有效理解的异质信息。开放网络中的成员可以获取异质性信息，但也可能在理解方式方面存在限制（Shipilov & Li，2008）。理解可能是主要的挑战，因为开放网络中信息提供者可能很少提供有助于理解信息的背景（Aral & Van Alstyne，2011），也缺乏信息准确性和无偏见的激励（Schilling & Fang，2014）。封闭网络中的成员更容易理解信息，但可能缺乏必要的异质性。乌兹（Uzzi，1996）认为，封闭关系特别是封闭网络中成员的重复互动会使成员间想法和见解趋同。

现有相关研究将成员的理解能力作为一个外在的决定因素，而不是作为网络结构与组成的作用。特瓦尔（Ter Wal，2016）提出，为了整合网络成员理解信息能力的网络理论，必须将成员理解能力作为网络内生结构，同时考虑网络结构和成员知识的相似性，以完全理解成员如何获得并有效理解多样化信息。认为网络成员最有效的知识与信息获取和理解来自两个原型网络结构。一种是在不同网络成员间有多个共同第三方关系为特点的封闭—多样化网络。在这种情况下，通过成员知识领域的异质性实现异质信息的获取。共同第三方联结成为允许通过三角关系潜在解释佐证的渠道（Gavetti & Warglien，2015）。另一种是开放—专业化网络。在这种网络中，重点关注伴随共同理解模式的相似知识领域在没有第三方帮助下成员如何理解新信息。开放—专业化和封闭—多样化网络可能通过结合来自网络结构维度的多样化和来自成员知识相似性的理解程度两种优势促进成员间高效的信息与知识共享。

（二）技术创新网络相关研究

技术创新网络源于社会网络理论，弗里曼发表于 *Research Policy* 的一篇题目为“Networks of innovators：a synthesis of research issues”的经典文章中最早提出技术创新网络的概念，他在该篇文章中认为，技术创新网络是一种基本的制度安排，能够应对系统性创新，技术创新网络成员间构成既有强关系，也有弱关系的一种松散网络结构，成员间的创新合作关系是其基本的联结机制。此概念为后面的有关技术创新网络研究奠定了基础。此后，技术创新网络方面的研究成为学者们关注的热点问题，学者们关于技术创新网络的研究主要从网络结构、网络位置和网络关系特征三个方面展开，其中，在技术创新网络结构特征方面的研究上，埃斯塔德斯特等（Estadest et al.，1998）以 20 个英法生物技术企业组成的创新网络为研究对象，实证分析网络结构如何影响企业创新，结果显示，企业创新会受到技术创新网络结构的影响，但创新网络结构并不是对每个企业都产生同样的影响。池仁勇（2005）采用社会网络理论对浙江省内的中小企业所组成的技术创新网络进行研究，主要研究中小企业所组成的创新网络结构与形成等。李慧等（2020）的研究显示，创新网络规模与异质性，以及企业所在的网络中心性都会显著正向影响新创企业的绩效，并且以上三个特征的知识获取会随着网络结构的不同而存在差异。魏龙（2017）同时考虑知识派系中网络闭合和知识基础双重属性的微观构成及其作用，分析网络开放与网络封闭、网络中知识专业化和多样化，通过网络封闭性与知识多样化的交互匹配，研究四种不同的网络配置对企业创新催化的不同影响，并研究结构洞生成和填充的调节作用。收集 SDC Platinum 联盟数据库与 UPSTO 专利数据库数据，利用多元回归分析法对处于高科技行业创新合作网络的中国企业数据进行实证检验。

（三）创投与创新的交互研究

该领域的研究最早可以追溯到 1996 年，随着创业投资行业经历 40 余年的发展并日渐成熟，学者们开始将创投作为独立的研究对象，探求其对国家创新系统及创新成果商业化的贡献（Senker，1996）。自此以后，创业投资与创新关系研究逐渐发展成为一个独立的研究领域。2000 年以来，以“创业投资和创新”为主题的发文量总体呈上升趋势。

从创投与创新关系研究主题的发展脉络来看，创投与创新之间的关系是随着创投、创新各自的研究进展而发展的，学术界最早系统验证创投与创新关系的研究是科尔图姆和勒纳（Kortum & Lerner，2000）利用美国相关数据对创投与专利发明关系进行的实证分析。但现有研究对于创投和创新关系并没有达成共识（谢雅萍和宋超俐，2017）。有关创投公司与企业互动的文献数量众多，大多数学者认为创业投资对企业创新具有促进作用（Ozmel et al.，2013；Vrande & Vanhaverbeke，2013），企业的专利产出又反过来作用于创投公司的业绩（Engel & Keilbach，2007；Caselli et al.，2008）。这个阶段主要围绕创投公司投资与企业创新是否存在关系和存在怎样的关系展开研究。随着联合投资的发展，学术界引入社会网络方法，从网络层面关注联合投资现象。创投网络的研究兴起于索伦森等（Sorenson et al.，2001）以及波多尔尼（Podolny，2001）在期刊 *American Journal of Sociology* 上发表的两篇经典论文，自此之后创投网络与企业创新间的关系逐渐引起了学者们的关注并形成了一个相对独立的研究分支。这个阶段主要围绕“创投网络特征与企业创新绩效的因果关系”展开研究。但这个阶段的研究仅限于是否及正负向影响，对于影响机理并未探讨。之后，由于创投网络与技术创新网络两个独立研究分支的兴起与发展，创新系统中的两个重要子网络——创投网络与技术创新网络的相互作用也成为学者们关注的焦点。该研究以 2013 年奥兹梅尔等（Ozmel et al.，2013）在期刊 *Academy of Management Journal* 上发表的一篇论文为典型代表，之后学者们对双网络之间的关系展开了研究，主要围绕“创投网络是否及如何影响企业创新合作关系构建”“创投网络促进了企业间创新依赖性关系和竞争者之间的联结”，但这方面的研究还处于起步阶段，仅限于创投网络对企业间创新合作关系的单向影响研究，并未深入研究双网络的双向互动，更未涉及技术创新网络特征如何受创投网络的影响，远远滞后于实践发展的需要。因此，亟须结合联合投资和创新合作关系特征，开展创投网络与技术创新网络相互影响方面的理论研究。

理论与实践均表明，结合企业创新过程，研究创投网络与企业技术创新网络互动机理，对于促进我国企业自主创新能力具有重要的理论与现实意义。

第二节 研究的目标和意义

一、研究目标

本书基于网络结构视角，以网络开放性和知识多样化为主线，结合社会资本、信号等理论，利用跨案例和 Logit、负二项分布等分析方法，将创投网络与技术创新网络互动划分为三个阶段研究二者的互动机理。具体体现为以下三方面的研究目标。

（1）从分析网络结构开放性和知识多样化之间存在的不同组合配置特征出发，将成员理解能力作为技术创新网络内生结构因素，揭示技术创新网络对企业创新产出的作用机理。

（2）从分析创投公司与企业的二元互动过程出发，厘清创投网络与企业技术创新网络的互动阶段，为创投网络与技术创新网络关系研究奠定基础。

（3）通过分析创投网络和技术创新网络互动过程中结构开放性与知识多样化的变化，从结构视角揭示创投网络与技术创新网络的互动机理，为保证企业的长期发展提供理论参考。

二、研究意义

（一）理论意义

本书首先从分析企业金融资源需求和知识资源需求入手，分析创投网络与技术创新网络在企业创新中的互动过程，构建理论框架；其次从动态视角，分阶段研究创投网络结构与技术创新网络结构的互动机理；最后通过跨案例分析验证企业创新过程中创投网络与企业技术创新网络的相互影响作用，为企业创新提供具体的对策建议。其理论意义主要体现在以下四个方面。

（1）从自中心和整体网络两个层面，分析创投公司自中心网络结构对企业自中心网络结构的影响，探索创投公司整体网络位置在创投公司自中心网络结构与企业自中心网络结构关系中的调节作用，为创投网络研究提供新视角。绝大多数学者从自中心角度研究创投网络，但近年出现从整体网络角度研究创投网络特征对企业创新的影响，并成为一种趋势。但是已有研究形成两大平行分支，即将自中心网络和整体网络割裂开来进行研究。事实上，无论是自中心网络还是整体网络，都是成员公司之间的合作形式，创投公司既是自中心网络的构成单元，也是整体网络的构成单元。创投公司在投资过程中必然会同时受到自中心网络和整体网络的影响，而且在此影响过程中自中心网络与整体网络也必然存在交互效应。因此，本书通过分析自中心创投网络和整体创投网络的互动特征，探索创投公司自中心网络与整体网络的交互效应对企业创新质量的影响机理，丰富了创投网络的研究。

（2）通过将成员理解能力作为网络内生结构，探求企业创新网络结构对企业创新产出作用，并分析企业所处的网络位置的调节作用，拓展现有技术创新网络的研究。已有研究仅是基于结构嵌入视角或基于资源基础观视角分别从网络成员对创新信息的接触或理解单一视角展开研究。而在企业创新过程中，企业不仅需要接触有益信息，更需要有效理解信息，因此，有必要同时考虑网络结构开放性与知识多样化，将成员的理解能力内化于网络结构，以完全理解成员如何获得并有效理解多样化信息。本书将成员理解能力作为网络内生结构，探索企业自中心网络配置对企业创新产出的影响以及企业整体网络位置在企业自中心网络配置与创新产出关系中的调节作用，拓展技术创新网络的研究。

（3）通过将创投网络与企业技术创新网络的互动划分为三个阶段，从网络结构开放性与知识多样化两个方面廓清创投网络与技术创新网络的互动机理，促进两个研究领域的交叉和融合。现有大量研究已经证实了创投公司与被投企业之间存在互动关系，并有少量研究从网络层面关注创投公司所在的创投网络结构特征对企业关系构建的作用，但研究仅限于创投网络对技术创新网络的单向影响，并未注意创投网络与技术创新网络的相互作用。事实上，创投公司在促进企业创新水平提高的同时，也达到了其自身快速增值，这种个体互动关系必然会影响后期各自网络关系的构建。因此，这在客观实践层面提出了研究创投网络与企业技术创新网络双向影响的必要性。因此，本书在文献梳理和典型案例分析的基础上，将创投网络与企业技术创新网络的互动划分为三个阶段，研究创投网络与技术创新网络的互动机理，促进两个研究领域的交叉和融合。

（4）从结构视角研究创投网络与企业技术创新网络的相互作用机理，丰富了创投网络与技术创新网络互动关系的研究。网络结构视角在创投网络与技术创新网络研究中一直是一个非常重要的视角，但现有研究并没有从结构视角研究创投网络与技术创新网络的互动关系。网络结构在网络中创新资源与信息的分布和流动中起决定性作用，并最终决定成员对创新资源与信息的拥有程度，因此有必要从结构视角研究创投网络与技术创新网络的关系。综上所述，本书基于结构视角，探索创投网络与企业技术创新网络的相互作用机理，丰富了创投网络与技术创新网络关系的研究。

（二）实践意义

我国自主创新能力的提升和创新型国家战略的实施，需要强有力资金投入和技术创新成果支撑，从而对创业投资和合作创新提出了新的要求。本书旨在紧密结合我国技术创新管理实践，从网络层面研究创投网络与企业技术创新网络的互动机制，其实践意义主要体现在以下四个方面。

（1）通过从自中心和整体网络两个层面研究创投网络对企业技术创新网络的影响机理，有利于创投公司构建高效率的创投网络。对于提高创投公司创新能力，确保企业创新绩效的持续提高具有重要的现实意义。创投网络中，创投公司在选择合作伙伴，构建合作关系时，不仅要考虑自中心网络的网络封闭性和知识多样化，而且要考虑创投公司在整体网络中的位置对信息沟通和知识流动的影响。因此，本书从自中心和整体网络两个层面展开研究，为创投公司选择伙伴，构建高效的创投网络关系提供了理论指导。

（2）通过从网络结构开放性和知识多样化两个方面揭示技术创新网络配置对企业创新产出的作用，有利于企业能够找到合适的伙伴企业。对于企业培育高效的合作网络关系，提高企业的创新产出具有重要的现实意义。在企业创新过程中，企业只有接触并能有效理解信息，才能提高创新绩效。因此，本书将同时考虑网络结构开放性与知识多样化，将成员的理解能力内化于网络结构，以完全理解成员如何获得并有效理解多样化信息，探索企业自中心网络配置对创新产出的影响以及企业整体网络位置在企业自中心网络配置与创新产出关系中的调节作用，有利于企业选择合适的合作伙伴。

（3）通过分析创投网络与企业技术创新网络的互动阶段，有利于企业理解创投网络与企业互动过程。对于企业建立有效的双网络关系具有重要的现实意义。我国创业投资起步较晚，创投公司网络结构与企业网络结构存在复杂动态的互动关系。因此，本书通过分析创投公司与企业互动过程，并将研究扩展到网络层面，辨析创投网络与技术创新网络的互动阶段，揭示双网络互动规律，有利于企业理解创投网络与企业互动过程。对于企业建立有效的双网络关系具有重要的现实意义。

（4）通过从结构视角研究创投网络与企业技术创新网络的相互作用机理，有利于企业形成高效的创投网络与技术创新网络结构，对于形成创投网络与技术创新网络良性互动机制，推进我国相关产业升级、实现创新型国家战略目标具有重要的现实意义。中国的创业投资业起步较晚，创投公司的合作经验、投资技巧还有所欠缺。因此，加强网络联结、构建高效的创投网络结构对于创投资公司显得尤为重要。本书从结构视角研究创投网络与企业技术创新网络的相互作用机理，有利于企业形成高效的创投网络与技术创新网络结构，对于形成创投网络与技术创新网络良性互动机制，实现我国创新型国家战略目标具有重要的现实意义。

第三节 研究内容及研究方法

一、研究内容

本书依据创投公司和企业互动过程，将研究扩展到网络层面，基于网络结构视角，将创投网络与企业技术创新网络互动过程划分为 T 期、T+1 期和 T+2 期三个阶段，以网络结构开放性和知识多样化为研究主线研究创投网络与企业技术创新网络的互动机理。首先，从分析创投公司与企业的互动特征入手，识别创投网络与技术创新网络互动阶段，基于自中心和整体网络两个层面，构建本书的理论框架；其次，结合资源基础、社会资本和信号等相关理论，分别研究创投网络与企业技术创新网络在不同阶段的互动机理；最后，通过跨案例分析验证创投网络与企业技术创新网络的互动机理，为企业创新提供对策建议。具体内容如下。

（一）创投网络与企业技术创新网络的互动阶段研究

本章从分析创投公司与企业的二元互动过程出发，将研究拓展到网络层面，通过分析创投公司关系网络对被投企业资源获取和关系构建的影响，并进一步分析被投企业创新产出对创投公司关系构建的影响作用，厘清创投网络与企业技术创新网络的互动阶段，为创投网络与技术创新网络关系研究奠定基础。以金沙江资本和晶能光电的互动为案例研究对象，研究了金沙江资本与晶能光电的互动过程，将创投网络与技术创新网络互动过程划分为三个阶段：首先分析金沙江资本利用其关系网络对晶能光电关系构建和资源获取的影响；其次研究晶能光电利用其关系网络对其创新产出的影响作用；最后研究晶能光电的创新产出对金沙江资本声誉的影响，最终影响金沙江资本的关系构建。

（二）创投网络与企业技术创新网络的互动机理研究

首先，基于网络结构视角，以成员对信息接触和理解为研究主线，从网络封闭性和知识多样化两个方面研究创投网络结构通过中间人角色和能力两种机制对技术创新网络结构的影响，并探析创投网络中心性的调节作用。通过对326家创投公司对160家企业1256轮的投资数据进行实证分析，得出以下结论：（1）相对于开放—多样化网络，与开放—专业化创投网络联结的企业更可能形成开放—专业化技术创新网络；（2）与封闭—多样化创投网络联结的企业相对于与封闭—专业化创投网络联结的企业更可能形成开放—专业化和封闭—多样化技术创新网络；（3）创投公司高创投网络中心位置强化了嵌入封闭—多样化网络中的能力机制作用，更可能形成开放—专业化技术创新网络，但弱化了嵌入开放—专业化网络中的能力机制作用，更可能形成开放—专业化技术创新网络。

其次，本书通过分析企业对外部知识的获取、利用过程，探索不同技术创新网络成员相似性在知识交互中的作用；在此基础上，从分析企业间沟通、理解和异质知识吸收等方面入手，探索网络封闭—知识专业化、网络封闭—知识多样化、网络开放—知识专业化和网络开放—知识多样化等不同技术创新网络配置对企业创新产出的作用，揭示技术创新网络结构对企业创新产出的作用机理。进一步从分析网络中不同位置结点的行为差异入手，分别研究不同网络配置和企业网络位置的交互作用对企业创新的影响，探索企业在不同网络位置情境下，技术创新网络结构对企业创新的影响差异，揭示技术创新网络中心性在技术创新网络结构对企业创新产出影响过程中的作用机理。得出以下结论：在开放技术创新网络中，开放—专业化技术创新网络对企业创新绩效有显著的正向影响。在封闭技术创新网络中，封闭—多样化技术创新网络对企业创新绩效有显著的正向影响。高技术创新网络中心位置强化了开放—专业化技术创新网络对企业创新绩效的作用。高技术创新网络中心位置弱化了封闭—多样化网络对企业创新绩效的作用。

最后，基于网络结构视角探讨了企业创新产出对创投网络结构的影响及创投公司创投网络中心性在企业创新产出对创投网络结构影响中的调节作用。利用所收集数据实证研究企业的创新产出对创投网络结构的作用，并分析创投公司创投网络中心性的调节作用并得出本研究的相关结论：（1）高创新产出企业更可能使其投资公司形成开放—专业化创投网络；（2）高创新产出企业更可能使其公司形成封闭—多样化创投网络；（3）创投公司的创投网络中心性加强了企业创新产出对开放—专业化创投网络结构的影响作用；（4）创投公司网络中心性加强了企业创新产出对封闭—多样化创投网络结构的影响作用。

（三）创投网络与企业技术创新网络的互动机理验证

在创投网络与技术创新网络互动机理研究的基础上，依据案例选择标准，遵循案例研究方法与程序，从跨案例研究中验证双网络互动机理。选择 A 创投公司和 A 被投企业、B 创投公司和 B 被投企业作为案例研究对象，在以上分析的基础上，使用图表对此进行比较，通过案例间分析，与已有理论进行对照，最终验证理论研究结论的有效性与适用性，并在此基础上，结合我国创业投资和合作创新的实践，为我国产业技术创新战略联盟的构建与有效运作，提出切实可行的对策建议。

本书具体共分为八章。

第一章，引言。主要阐述本书的理论背景与现实背景，提出本书的研究问题，并对研究的主要内容和方法进行简介。

第二章，理论基础与文献综述。阐述本书涉及的主要相关理论，并围绕创投网络、技术创新网络、创投网络与技术创新网络交互研究的相关研究进行梳理，并在对研究进行述评的基础上引出本书的研究切入点。

第三章，创投网络结构对企业创新绩效的验证性研究。主要从网络结构视角实证分析了创投网络封闭性与知识多样化的交互作用对企业创新绩效的影响。为后续分阶段研究奠定基础。

第四章，创投网络结构与企业技术创新网络结构的互动阶段分析。主要通过分析创投公司关系网络对被投企业资源获取和关系构建的影响，并进一步分析被投企业创新产出对创投公司关系构建的影响作用，厘清创投网络与企业技术创新网络的互动阶段，为创投网络与技术创新网络关系研究奠定基础。

第五章，创投网络结构对企业技术创新网络结构的影响研究。基于网络结构视角，以成员对信息接触和理解为研究主线，从网络封闭性和知识多样化两个方面研究创投网络结构通过中间人角色和能力两种机制对技术创新网络结构的影响，并探析创投网络中心性的调节作用。通过对相关数据进行实证分析得出相关结论。

第六章，技术创新网络结构对企业创新绩效的影响研究。基于网络结构视角，从网络封闭性和知识多样化两个方面研究企业技术创新网络结构对企业创新产出的影响，并探析企业技术创新网络中心性的调节作用。通过对相关数据进行实证分析得出相关结论。

第七章，企业创新产出对创投网络结构的影响研究。从网络结构视角研究企业创新产出对创投网络结构的作用，并探讨创投公司网络中心性的调节作用。通过对相关数据进行实证分析得出相关结论。

第八章，双网络互动机理的案例研究。在创投网络与技术创新网络互动机理研究的基础上，依据案例选择标准，遵循案例研究方法与程序，从案例研究中验证双网络互动机理。

第九章，对策建议与结语。对本书的研究工作进行回顾，总结本书的主要结论，并根据相关结论给出相应的政策建议。

二、研究方法

（一）逻辑演绎法

在已有理论的基础上，通过严格的逻辑演绎方法构建理论分析框架。首先，收集、整理有关创投与创新二元合作、创投网络、技术创新网络、创投网络与技术创新网络互动的研究文献，应用互引聚类、共被引分析（ACA）等文献分析方法，分析自中心网络结构维度与特征、网络封闭性与知识多样化以及自中心与整体网络的互动特征。其次，结合已有文献，通过探索性案例分析，初步探索创投公司与企业合作过程与特征，并扩展到网络层面，探索创投网络与企业技术创新网络之间的互动关系，据此归纳出二者的互动阶段及影响路径。最后，通过逻辑演绎，以知识搜寻和关系建立为研究主线，结合社会资本、资源基础和信号等理论提出可供检验的假设。

（二）公开渠道搜集数据法

通过国家专利局专利查询系统或/与国家知识产权局专利数据库、清科数据库或/与 CV Source 数据库和国泰安等公开渠道搜集大样本数据。具体如表 1－3 所示。

表 1－3　数据来源

数据类型	企业技术创新网络数据	创投网络数据	企业基本特征数据、财务数据和公司治理数据	宏观经济环境数据、公司情况、资本市场数据
来源	国家专利局专利查询系统或/与国家知识产权局专利数据库	清科数据库或/与 CV Source 数据库	国泰安 CSMAR 系列数据库	国家和各地区的统计年鉴、国家和各地区统计部门的官方网站等公开渠道

（三）社会网络分析法

首先，采集企业合作专利数据和创投联合数据，分别将合作专利中的共同申请人信息以及联合投资主体转化为组织之间一对一的技术协作关系，并通过网络矩阵的形式对表达一对一合作关系的数据进行保存。其次，利用 UCINET 软件对网络矩阵中包含的协作关系数据进行定量的结构分析，并分别生成企业技术创新网络和创投网络的各种网络结构指标。采用 NETDRAW 软件对网络矩阵所包含的协作关系进行视觉化处理，生成基于创投网络和技术创新网络图谱。通过对比网络图谱，对创投网络和企业技术创新网络互动规律进行定性分析，并对网络结构指标间的关系进行量化分析。

(四)统计检验法

在大样本数据收集、网络构建和利用网络统计量描述网络特征的基础上,使用 SPSS 等软件完成以下三个方面的统计分析:一是利用多元 Logit 模型验证创投网络对企业技术创新网络的影响,并利用多元线性回归模型验证整体网络的调节作用;二是利用多元线性回归模型验证企业技术创新网络对创新产出的影响;三是利用多元 Logit 模型和多元线性回归模型验证企业创新质量对创投网络的影响。

(五)跨案例分析法

首先,在前期相关文献梳理的基础上,遵循所选企业要具有重要性和代表性、理论与案例对象的适配性、理论抽样性等原则,分别选择典型创投公司和被投企业案例,并利用联合投资关系和创新合作关系分别构建创投网络和技术创新网络。其次,通过收集所选案例公司的清科数据库、中国专利数据库、官方网站、各类档案材料、对外宣传材料和高管的对外讲话,以及相关的新闻报道、学术研究和书籍等补充相关资料,对资料进行分析整理。最后,根据资料分析结果,完成如下工作:一是提炼关键变量,利用探索性案例分析法分析变量间的关系,识别创投网络与企业技术创新网络互动阶段,完成本书理论框架的构建;二是在前面理论研究的基础上,对单案例进行分析和多案例进行比较,检视变量间关系,结合整体技术创新网络情境,探索技术创新网络封闭性与知识多样化的有效匹配以及创投网络封闭性与知识多样化的有效匹配。

第二章 理论基础与文献综述

第一节 理论基础

一、社会网络理论

社会网络理论起源于20世纪30年代，并于70年代在哈佛大学得到复兴，于80年代开始蓬勃发展。后来，该理论被广泛地应用于经济和管理等学科。根据不同的研究视角，社会网络理论主要从以下两个方面展开研究：关系要素与结构要素。关系要素指的是网络成员间的联结关系，网络中特定的行为与过程通过这种社会联系的紧密度、强度和对称性等特征来反映。结构要素主要指的是网络的位置以及规模等网络特征，社会网络的结构状态主要通过分析成员间的互动关系来反映。这两个要素在网络知识和信息的交换和流动中都发挥着重要作用。具体地，社会网络理论主要包括三种核心理论：强弱联结理论、社会资本理论以及结构洞理论。

（一）强弱联结理论

格兰诺维特（Granovetter，1983）第一个提出网络联结的概念。他从四个维度（包括互动频率、亲密程度、情感强度与互惠性）将网络联结划分为强联结和弱联结。强联结和联结关系在知识与信息的流动中扮演着不同的角色。强联结关系是指拥有相近特点的社会个体间相对密切且经常联系的联结关系。拥有相近特点的个体了解同样的事物，因此，通过强联结关系获取到的资源经常具有冗余特征。弱联结关系是拥有不同特点的社会个体间形成的一种相对稀疏、不频繁的联结关系。不同信息源通过弱联结联系，可以起到信息传递“桥梁”的作用，是网络中的成员获得非冗余知识与信息的重要通道。强弱联结理论从两个视角论证社会联结的重要性。强联结理论着重强调的是组织内部的信息共享，而弱联结理论强调的是组织之间如何获取新信息。

（二）社会资本理论

布迪厄（Bourdieu，1986）第一个提出社会资本的概念，他认为社会资本指的是网络结构中不同位置给网络个体带来的不同的资本财富。随着社会资本概念的出现，社会资本理论得以出现，社会资本来源于社会网络关系，包括权力地位、声誉与隐性知识等，主要由构成社会结构的要素组成。个体所拥有的网络规模是随着个体参与或者接触的社会群体而发生变化的，接触的群体越多，网络规模越大，其获取资源的机会也越多，所拥有的资源也越多样化，其最终所拥有的社会资本就越丰富。反之，个体获取资源的能力也会随着社会资本的丰富而增强。社会资本理论认为，社会网络能够产生有价值的资源，这些资源可以由网络成员在互相信任的基础上，通过社会关系获取，而不是由个人所拥有。

（三）结构洞理论

结构洞是由美国学者伯特（Burt，1992）于 1992 年提出的，他认为，结构洞是指社会网络中的空隙位置，如果两个主体之间并不存在直接联系，必须通过第三方才能形成联系，那么该第三方就拥有结构洞位置。结构洞位置不仅拥有信息优势，而且拥有控制优势。一方面，结构洞位置的成员可以从各方获得多样化的信息与资源，为其自身带来竞争优势；另一方面，结构洞位置是信息和资源传递的“桥梁”，其控制信息的传输与资源的分配，具有控制优势。社会网络中的成员地位会由于其占据的结构洞多少发生变化，占据的结构洞越多，地位优势越突出，在网络中所拥有的影响力和控制力就越强。

二、资源基础理论

从理论的角度来看，彭罗斯（Penrose，1959）最早提出了资源基础理论的概念。他认为，管理规则与自身资源的结合是企业的本质。企业成长的内在动力是企业持续发展的必要要素，包括企业利用内部资源的效率和企业拥有的能力。沃纳费尔特（Wernerfelt，1984）的研究显示，在发展过程中，企业需要充分整合资源、知识和能力，形成更为完整的体系结构。从这个视角来看，企业所具有的获取资源的能力很大程度上决定着企业的竞争优势。但现阶段，已有研究对资源的讨论和研究仍然是零散的和个人化的。巴尼（Barney，1991）指出，企业所拥有的资源是企业能够持续发展必不可少的要素，它将对企业知识与信息的获取能力和组织结构产生直接明显的影响，能够使企业的资源获取能力进一步得到提高，本质上，是使企业所拥有的核心竞争力得到提高。该理论的提出，标志着资源基础理论正式成为一套理论体系。格兰特（Grant，1999）指出，企业所拥有的资源是在企业生产过程中所投入的物质，包括资产和设施、品牌和资本以及工人所拥有的个人技能。他将资源划分为物质资源、人力资源、技术资源和组织资源四大类，这些资源都是企业不可缺少的。同时，格兰特（Grant，1999）也指出，资源与能力存在关键的区别。从本质上说，企业所拥有的资源自身并不会产生生产价值，只有对资源进行利用和开发，才能取得更多的生产价值。即资源从本质上来说是具有相对被动性，被开发利用才是资源的真正价值。巴尼（Barney，2001）的研究显示，资源能够提升战略的制定与执行效率，提高企业的效益。资源基础理论指出，企业从本质上说是多样化资源的集合体，它是由其所拥有的一系列资源以及资源能力相互组合而形成的有机体。在两个假设的前提下，即企业所具有的资源多样化特征与企业资源的不完全流动性特征假设下，构建出了企业资源的基本理论。企业资源基本理论能够回答两个最关键的问题，也就是说，“什么是企业的本质”以及“企业得以持续发展的动力与其竞争优势来源于何处”。巴尼（Barney，2002）在改进前人结果的基础上，提出异构资源具有稀缺性和唯一性的特征。他通过构建 VRIO 框架，较为深入地解释了企业的竞争优势来源于何处以及企业间绩效存在差异的原因。中国的学者宝贡敏（2001）的研究结果显示，企业会有两种经典的资源，即企业所拥有的潜在能力和资产。对于企业来说，资产是另一种价值形式，在资产的基础上，企业才可能提供生产产品与企业服务；而潜在的能力能够利用技术与知识，潜在能力是企业所拥有的一种无形能力。宝贡敏还指出，可以把资产效能的本质作为一种划分企业资产的标准，将企业所拥有的资产分为两种：实效资产和隐效资产。实效资产是指能够直接、明显地影响企业最终绩效的有效资产，主要包括企业所发明的专利、拥有的财产，以及购买的设备等。隐效资产是指可以转化成企业持续发展的动力、对企业最终绩效产生潜在贡献的资产。企业所拥有的隐效资产主要包括企业所具有的沟通能力、企业塑造的企业文化，以及企业所树立的商誉。项保华（2005）的研究结果显示，资源指的是经营者手中所拥有的对象，这些对象往往具有被动性等特征。于企业而言，企业所拥有的能力通常指的是企业具有的无形性、主动性以及抽象性等特点的主观条件。

传统的资源理论认为，企业所拥有的竞争优势的根源在于其所拥有的资源。然而，从本质上说该观点在一定程度上具有局限性。这种观点把开发资源的人和使用资源的人分隔开，忽略了人类的主观能动性可以影响企业长远的发展。从当前的状况来看，使用现有物质资源的人完全决定着这些物质资源所能发挥的作用。物质资源的异质性实际上最终是由人的异质性决定的。一些学者完善和创新了传统的理论体系，从而最终形成了企业的能力理论。

普拉哈拉德与哈默（Prahalad & Hamel，2000）发表的经典论文“The Core Competence of the Corporation”标志着企业能力理论的形成。普拉哈拉德与哈默在该篇文章中清晰地阐述了企业核心能力的含义。于企业而言，只有将企业各方面的能力充分融合，才可能形成企业所具有的完整核心竞争力，才能成为企业占据市场获得盈利的根本，这也是核心能力理论的基本内容。桑切斯（Sanchez，1997）等完善并拓展了核心能力理论，并在此基础上提出了基础能力理论。基础能力理论指出，企业在其管理过程中具有一定程度的开放性。企业中的管理者在企业运营过程中利用相关的资源时，同时也需要注意构建资源网络，这样可以快速配置资源以保证企业拥有短期的竞争优势。此外，桑切斯等还指出，能力是动态的，会随着组织和环境的变化而变化。蒂斯（Teece，1997）进一步扩展了能力动力性，并形成了动态能力理论。动态能力理论认为，企业在其运行过程中需要不间断地利用市场因素，提高其本来拥有的能力，创造出更新的能力。长此以往，企业和市场的联系会更加紧密，企业所拥有的竞争优势也会更加突出。史塔克等（Stalk et al.，1992）的研究显示，企业成功的关键并不是只有企业的核心竞争力这一关键因素。成功的企业也会十分注重其行为方式，即企业所拥有的生产能力和企业流程的组织行为，并将在以后发展的主要战略目标中包含改进这些活动和流程。虽然学者们在研究方向和研究方法上存在着明显差别，在分析问题的过程中，使用的研究框架也略有差异，但研究者们的核心理念与基本思想并没有太大差异。已有相关研究基本观点一致，普遍指出，企业所拥有的竞争优势实质上是企业所具有的各种能力的充分全面的整合，这些能力包括技术、资源和资金等。然而，就当前的状况，企业能力理论并没有明确回答企业为什么能够获得长期竞争优势的问题。另外，在一定情况下正是由于知识所固有的性质导致了企业具有的核心刚性。迄今为止，资源基础理论已经产生了传统资源基础理论、企业知识理论，以及企业能力理论三个不同的研究方向。杨春华（2008）指出，传统资源基础理论、企业知识理论以及企业能力理论最根本的核心内容基本不存在差别。其中资源基础理论重点关注“企业究竟是什么”和“企业所拥有的竞争优势源于何处”两个基本问题。差别仅在于不同流派的学者针对这两个问题提出的答案不同。张华等（2012）认为，企业的核心资源划分为两类：有形资源和无形优势。刘长庚等（2013）通过构建以企业的核心资源为基础的企业内生成长模型对企业进行研究，结果显示，企业在运作过程中，会通过对核心资源释放的方式获得企业得以持续不断发展的机会。通常情况下，企业释放资源获取机会的过程是一个长期过程，需要在企业的内部不间断地孵化并完善。

三、信号理论

信号理论是由斯朋思（Spence，1978）在20世纪70年代发现的，他提出，两个主体可以通过某些行为来降低它们之间存在的信息不匹配程度。信号发送主体可能向信号接收主体发送表明其类型的信号，这时，信号发送者与接收者之间存在的信息不对称消失。企业在选择潜在合作企业过程中，常常会出现与潜在合作伙伴的信息错配，对潜在合作伙伴的资源价值及其未来前景知之甚少。这时，逆向选择就发生了。然而，企业与潜在合作伙伴之间存在的此种信息不对称能够通过一些可以提前观察到的信号来降低。斯朋思（Spence，1978）的研究结果显示，当合作者之间存在信息错配时，占据信息优势的企业能够通过可观察对象指示其不可观察对象，该研究开创了信号行为研究的先河。斯蒂格利茨（Stiglitz，2000）指出，市场可以通过信息意图与信息质量理解信息。信息意图指的是一方并不知道另一方发布信息的意图；信息质量指的是一方并不知道另一方的质量。多数消费者只能够看见信息的质量，而不去理解信息的意图。斯科特（Scott，2006）指出，对于优质企业来说，可以积极释放优质产品的信号，以达到区别于其他劣质产品企业的目的，从而降低企业成本，提高企业品牌与影响力。此外，斯科特还认为，一个有用的信号必然具有两个关键要素。首先，优质企业传输信号的成本远低于劣质企业。因此，传送信号只能是优质公司运营商选择的方式，这种方式模仿起来会很困难。其次，传输信号这种行为是具有选择性的。

波多尔尼（Podolny，1993）是最先在风险投资领域使用信号行为的学者。他的研究发现，联合投资不仅能够提升信息和资源利用效率，而且还可以促进质量信号的传递。之后，学者们越来越开始关注信号行为在风险投资领域的应用。巴塔查里亚（Bhattacharya，1979）指出，逆向选择行为存在于企业的管理者与投资者之间。可以通过现金分红信号来减少他们之间存在的这种逆向选择行为。投资者作为委托人，将根据现金分红来确定企业的经营状况，也就是说，根据现金分红推断被委托人的工作努力程度和企业的发展前景，据此作出选择。戴利（Daily，2003）等动态研究了 IPO 质量的评价信号，研究结果认为，企业的规模、企业高管的声誉以及风险投资前景显著正向影响 IPO 质量。卡普兰等（Kaplan et al.，2004）的研究结果显示，在投资过程中，专业性强的风险投资公司会以事前分期或阶段性投资的方式向被投资企业的所有者展示其专业类型。同时，被投资公司可以通过风险投资机构的支持信号，展示自身首次公开募股的相关信息。马尼加特（Manigart，2005）的研究结果显示，占据主要位置的风险投资机构的邀请函能够作为评估弱势风险投资机构的有效信号。同时，相关经验证据表明，风险投资机构在寻找跟投合作伙伴时，更关注潜在合作机构的经验信号，而较少关注其他的一些信号。然而，经验信号并非衡量风险投资公司质量的唯一指标。风险投资机构长期发展的其他信号也具有一定的参考意义。古勒等（Guler et al.，2010）的研究结果显示，企业所处的网络位置可以作为一种信号以向目标公司证明其所拥有的资源以及质量，这主要是由于联合创投网络提升了信号的传递功能。已有有关信号行为的研究大多是从创业投资机构或被投资公司的角度进行的。卢福才等（2005）利用克雷普斯（kreps）的声誉模型，深入分析了声誉与网络成员之间的关系。结果表明，网络中每个成员之间存在的合作关系成为保证企业声誉的关键要素，能够提升网络整体或网络成员个体之间交互的有效性。公司声誉的传输效率在网络环境下将会大大提高，其所起的作用将更加明显。这种商业声誉常常会转变为提高公司核心竞争力的资本。在创业投资机构与被投企业之间形成合作关系之前，双方往往存在着信息不对称情况，尤其是中小企业，在信息获取通道与能力方面存在明显不足。因而，创业投资机构衡量和评估这些中小企业过程中存在着较多的不可控因素。瓦利埃（Valliere，2011）认为，创业投资机构的能力与其早期的IPO率之间具有显著的相关关系。创业投资机构把握机会的能力会随着早期IPO率的提高而增强，早期IPO率高的创业投资机构也更能够为被投公司提供大量的增值服务，更能够推动被投公司的IPO进度。罗伊尔（Reuer，2012）的研究结果显示，组织关系能够起到信号作用并对公司产生积极影响。当一家公司面临被收购时，收购方会因为接收到它传递的与其他组织存在关系的信号，从而以更高的价格收购它，这样会增加该公司的利润水平。这些关系组织可能是知名银行、创投机构或其他的合作伙伴。薛超凯等（2016）通过实证对经验信号与创投网络形成的关系进行研究。结果表明，经验信号能够促进潜在的创业投资公司与主要创业投资公司形成联合投资关系。重复交易的次数也会影响它们之间的关系，即形成共同投资关系的可能性会随着重复交易次数的增多而增大。

四、网络封闭性与开放性

网络结构被认为塑造了成员可能从其社会资本中获取到的信息优势（Zukin & DiMaggio，1990；Granovetter，1992），学者们围绕网络结构是否提供了最大的信息优势展开研究。研究主要围绕网络结构中成员从网络中获取信息的冗余水平（Burt，1992）。冗余是焦点成员直接关系封闭性水平的函数。一个与两个互相直接联系且可替代成员联结的组织可能获得冗余信息（Coleman，1990；Uzzi，1996）。但是，如果替代者之间没有联结、如果焦点成员跨越了结构洞，则它们提供给焦点成员的信息可能是非冗余的

(Burt, 1992、2004)。冗余和非冗余信息各自提供了重要的优势，并且两者都被认为是社会资本的关键。虽然这些研究强调了与结构洞与封闭性价值相关的重要性，但它们并未解决网络如何将封闭网络中冗余信息优势与开放网络中非冗余优势联系起来的问题。

一方面，与封闭网络相关的冗余信息由于其易于理解，因此被认为是有利的。网络中相同的信息很有可能通过多种途径到达同一个网络成员。假定不同的提供者可以采用不同的方式或路径传递相同的信息，冗余能使信息接收者交叉检查和三角测量该信息（Krackhardt, 1999; Tortoriello & Krackhardt, 2010）。正如香农和韦弗（Shannon & Weaver, 1948）所提出的，冗余信息减少了理解错误的可能性，因为信息接收者可以从不同来源理解特定信息的不同方面。在特定环境中，新信息只有被多个来源确认后才可被认为是可信的（Centola & Macy, 2007）。封闭网络中信息通过在这种网络中增加渠道宽度缓解理解的难度（Aral & Alstyne, 2011），如果伙伴之间有共同的第三者，由于信息的细节得到增强，即信息的传输能力得以增强，因此双方更加愿意交换信息（Reagans & McEvily, 2003）。

另一方面，开放网络中典型的非冗余信息流往往具有更大的信息多样化，这有助于改变和挑战现有的观念，因此被认为是有利的（Burt, 1992、2004）。处于结构洞位置的焦点成员同时与几个非联结的成员联结，这时焦点成员可以获得异质信息，并且它们能利用这种优势（Burt, 1992）在先前非联结的个体之间建立合作关系（Obstfeld, 2005; Lingo & O'Mahony, 2010）。

因为开放网络中欠缺封闭网络具有的冗余信息对信息理解的缓解优势，而封闭网络中欠缺开放网络具有的非冗余信息的多样化优势，因此产生了开放与封闭网络相关的张力理论。有关开放网络的研究并未详述成员如何理解信息（Burt, 2010），在传统的结构主义对开放网络的研究中，成员从结构洞获取异质信息隐含着一个假设，即成员可以有效地理解并获取信息。事实上，成员在缺乏重复关系的冗余性的情况下接受异质信息，并且没有共同第三方提高其对信息理解能力的条件下，并不可能有效地获取并利用这些信息（Coleman, 1990; Shipilov & Li, 2008）。因为开放网络中的信息提供者很少有进一步努力和花时间在信息交换方面的激励，这将导致信息在传递过程中丰富性和详尽性方面存在问题（Aral & Alstyne, 2011），并且它们并没有来自第三方不进行机会主义行为的压力（Burt, 2005; Shipilov & Li, 2008; Tortoriello & Krackhardt, 2010），因此成员理解能力的假设是存在问题的，成员在理解异质性信息方面存在欠缺。相反，封闭网络存在缺乏非冗余信息的问题。封闭网络中的成员获取它们能有效理解但潜在缺乏多样化的信息（Uzzi，1997；Gargiulo & Benassi，2000）。封闭群体间成员的重复互动导致思想和观点的融合，加之缺乏从稀疏联结流入的信息，这样减小了网络中信息的多样化，带来了群思想的风险，从而导致封闭网络中成员无法挑战集体观念，困在它们自己的网络中（Uzzi，1997；Gargiulo & Benassi，2000）。

在创投网络中，开放网络只有一些投资者具有先前辛迪加关系才可能发生。这些网络在促进企业成功因素方面包括非冗余、多样化观点，但对于投资者来说，可能很难理解来自非共享投资的观点如何应用于一个新的环境。但是，如果绝大多数成员在过去共同投资时投资群体间的网络联结构成封闭网络，在过去投资组合公司成功方面具有冗余信息，这样就可能在网络成员间建立起有关企业成功或失败原因的共同信念，从而有助于创投管理效率和绩效的提高，但是这也可能存在观念僵化，不具有挑战性的风险。

五、网络成员知识的相似性：网络专业化与多样化

仅从网络结构视角并不能解释网络成员如何获取异质性和可理解的信息。信息多样化水平和网络成员理解信息的能力也依赖于这些成员知识的异质性。网络结构——开放或封闭网络和成员知识的相似性——多样化或专业化网络提供了一个成员如何获取既是多样化又是可理解信息的解决方案。多数研究认为网络中成员的知识相似性有利于获取多样化信息并影响成员理解信息的能力。基于网络结构（Reagans & McEvily，2003；Tortoriello，Reagans & McEvily，2012）和知识异质性（Rodan & Galunic，2004）强调社会资本的信息价值不仅依赖于网络结构，而且依赖于网络成员的知识属性。成员的知识相似性可以定义为网络成员相对于彼此的专业化程度。在专业化网络中，成员关注相似知识领域，大部分信息流通往往属于同一个领域。多样化网络成员具有不相似的知识，这样可以提供不熟悉信息的访问。

在创投网络背景下，当一个网络中的投资者在关注过去的投资时在行业方面是相似的，这时就产生了网络知识专业化。成员的知识相似性关注的是网络成员相似的程度（Harrison & Klein，2007）。

第二节 文献综述

创投与创新之间的关系正在引起学术界越来越多的关注，随着该主题研究的兴起与发展，近年来国内学者开始对创投与创新关系研究进行阶段性总结，以回应中国创投与创新实践的变化，为进一步的研究奠定基础。已有文献综述主要聚焦于创投公司与被投企业间的二元互动，主要包括以下四个方面：（1）研究视角方面的梳理。如学者段勇倩和陈劲（2021）从信号、资源（知识）、制度、激励理论四种理论视角对创投公司与被投企业二元关系方面的文献进行梳理。（2）投资与被投资主体自身特征方面的梳理。学者们分别从投资公司组织特征、投资策略选择和组织间关系，被投企业融资选择等方面进行梳理和总结（段勇和陈劲，2021；张曦如和沈睿等，2019；加里·杜什尼茨基和余雷等，2021）。（3）创投公司与被投企业间二元互动过程的梳理。学者们主要从创投与创新的表现形式，创业投资投前、投中和投后各阶段创投公司与被投企业间的互动机制、影响因素等方面进行文献梳理，这方面的研究也是学者们关注的重点（周冬梅和陈雪琳等，2020；段勇倩和陈劲，2021；张曦如和沈睿等，2019；加里·杜什尼茨基和余雷等，2021）。（4）创投机构与被投企业间二元互动过程中权变因素的梳理。学者们从国家、市场周期、行业和组织等层面分析总结权变因素方面的文献（段勇倩和陈劲，2021；张曦如和沈睿等，2019；余雷等，2021）。

值得注意的是，随着创业投资国际化与网络化的发展，创投与创新的关系产生了一系列的新问题和新趋势：一方面，投融资主体呈网络化发展。联合投资与合作创新的出现与发展使创投网络和企业技术创新网络成为创投与创新的主要形式，二者作为创新体系中两个重要的子网络，在生产要素、人力资本和知识集合等众多方面存在交叉关系，相互依托。另一方面，越来越多的研究从不同层面探索和阐释创业投资与创新的互动关系。在理论的推动与实践的需求下，这些理论研究和创投实践的融合将会产生怎样的研究机会？目前的文献综述并未从不同的研究层面对以上的问题进行系统、充分的回应。因此，有必要开展进一步系统文献研究以应对以上的问题。

一、创投与创新互动关系研究趋势分析

创业投资对世界经济的发展作出了重要贡献，创业投资是与科技创新最为匹配的一种资本形态，因此学者们越来越关注创业投资与企业创新之间的关系，越来越多的相关研究出现于学术界，并在创业投资公司与企业二元互动关系方面取得一定的研究成果。本书对不同阶段创业投资与创新关系研究演化进行分析，重点关注2000~2021年创业投资与创新关系不同主体层面的主题变化，厘清近些年来创业投资与创新关系的研究进展，并在此基础上，基于中国情境，为进一步的相关研究提出有关建议。现有文献研究趋势如下。

首先，创业投资与创新关系的研究历经多个发展阶段，已经由最初零星的主题探求发展成较为成熟的研究体系。日益丰富的研究主题可以充分解释创业投资与创新关系的现象。其次，通过对2000~2021年研究主题的梳理，依据互动主体的不同，创投与创新关系不同层面的系列研究逐渐形成了以二元和网络（包括自中心网络与整体网络）两个层面为体系的较为完善的创投与创新研究版图。最后，已有研究已经证实了创投公司与企业之间存在二元互动关系，近年来学者们开始从网络层面关注创投网络与技术创新网络的互动关系，但大多数研究基于本国范围，研究创投公司（或网络）与企业（或网络）之间的关系，并有少数学者关注在西方发达国家情境下，本国创投公司（或网络）对东道国企业创新绩效的跨境影响，但网络层面的互动关系研究处于刚刚起步阶段。

本书首先收集Web of Science（WDS）收录的SSCI数据库中5年影响因子在2以上的管理学英文学术期刊和国家自然科学基金委管理学部认定的30种重要期刊中的638篇文献。其次本书在分析投融资主体层面的基础上，梳理创投与创新关系研究的发展脉络。研究发现，已有研究主要基于投融资主体二元和网络两个层面，划分为四个阶段。再次分主题对现有文献进行梳理分析。本书将研究分为创投公司与被投企业二元互动、创投网络与个体被投企业互动、创投网络与企业技术创新网络互动以及双网络的跨国互动四个主题对现有文献进行梳理。本书发现，创投机构与被投企业二元层面的互动研究相对丰富，学者们普遍认为二者存在相互影响关系，但并未达成统一结论。创投网络与企业技术创新网络互动的研究处于刚刚起步

阶段，特别是从网络层面研究中国出境投资的研究还未曾见到。最后构建了创投与创新关系研究主题框架，提出未来研究趋势，尤其在中国情境下可能关注的研究方向与问题，为创投与创新关系研究作出理论贡献。

（一）文献的主要来源

（1）英文文献来源。本书主要研究创投网络与企业技术创新网络的互动机理，选取了具有较高国际影响力的管理学期刊作为英文文献的主要来源，查询2000～2021年近22年的文献。具体查询过程如下：①参照汤森路透集团2018年发布的期刊的引用报告JCR，同时按照连续5年的影响因子对管理学学术期刊进行排名，去除5年影响因子低于2的期刊。②通过WOS收录的SSCI数据库，分别以创投网络（venture capital network）、技术创新网络（innovation network）、创投与创新（venture capital and innovation）为关键词对论文进行检索查询。本书先通过搜索主题的方式进行宽泛性检索，然后在检索出的结果中，根据论文的摘要内容删除无关的文献，保留有相关议题发表期刊的检索结果，并对创投与创新的文献进行分类整理，将涉及创投网络和技术创新网络互动或单向影响的文献单独归类。如表2-1所示。③通过EBSCO、ScienceDirect、Wiley等数据库下载文献全文。

表2-1 英文权威期刊中与本书相关议题论文的发表数量统计

英文期刊名称（JCR影响因子大于2）	5年影响因子	本书相关主题发表数量（篇）			
		技术创新网络	创投网络	创投与创新	双网络
Journal of Management	9.056	16	1	0	0
Adminitrative Science Quarterly	8.024	146	3	0	1
Journal of Operations Management	7.776	14	0	0	0
Journal of International Business Studies	7.724	13	0	0	0
International Journal of Management Reviews	7.6	5	0	0	0
Academy of Management Journal	7.191	32	5	4	2
Journal of Supply Chain Management	7.125	9	0	0	0
Academy of Management Review	6.562	7	0	0	0
Business Strategy and the Environment	6.381	5	0	0	0

续表

英文期刊名称（JCR影响因子大于2）	5年影响因子	本书相关主题发表数量（篇）			
		技术创新网络	创投网络	创投与创新	双网络
Journal of Business Venturing	6.333	4	3	6	1
Entrepreneurship Theory and Practice	6.193	3	7	3	0
Tourism Management	6.012	5	0	0	0
Journal of Management Studies	5.839	7	0	0	0
Strategic Management Journal	5.572	29	3	2	5
Research Policy	5.425	79	3	11	3
Technovation	5.25	30	1	1	2
California Management Review	5	9	1	1	0
Industrial Marketing Management	4.779	103	0	0	0
Operations Management Research	4.727	2	0	0	0
International Journal of Project Management	4.694	8	0	0	0
Journal of Knowledge Management	4.604	19	0	0	0
Management Science	4.219	5	0	2	2
Information & Management	4.12	5	0	1	0
International Journal of Operations & Production Management	4.111	8	0	0	0
Internet Research	4.109	3	0	0	0
Journal of Technology Transfer	4.037	25	0	4	2
Journal of Business Research	4.028	42	3	3	3
Academy of Management Perspectives	3.857	2	0	0	0
Technological Forecasting and Social Change	3.815	79	0	4	2
Journal of Product Innovation Management	3.781	25	0	1	0
International Small Business Journal - Researching Entrepreneurship	3.706	10	0	0	0
International Business Review	3.639	8	0	0	1
Human Resource Management Review	3.625	6	0	0	0
Small Business Economics	3.555	17	3	8	1
Organization Studies	3.543	8	0	0	0
International Marketing Review	3.447	6	0	0	0

续表

英文期刊名称（JCR 影响因子大于 2）	5 年影响因子	本书相关主题发表数量（篇）			
		技术创新网络	创投网络	创投与创新	双网络
Long Range Planning	3.363	8	0	0	0
International Journal of Research in Marketing	3.32	5	0	0	0
Journal of Small Business Management	3.12	18	2	0	0
Organization Science	3.257	24	0	3	1
Journal of Service Management	3.23	4	0	0	0
Industry and Innovation	3.157	49	1	3	1
Journal of Small Business	3.12	18	2	0	0
Journal of Purchasing and Supply Management	3.089	7	0	0	1
European Management Journal	2.985	12	0	0	1
Strategic Entrepreneurship Journal	2.956	0	4	2	2
Asia Pacific Journal of Management	2.737	4	3	0	0
International Entrepreneurship and Management Journal	2.537	8	1	0	2
Information Systems Research	2.457	4	1	0	0
International Journal of Entrepreneurial Behavior & Research	2.391	4	1	0	0
R&D Management	2.354	22	0	1	0
MIT Sloan Management Review	2.196	0	0	1	0
Journal of Engineering and Technology Management	2.159	12	0	0	0
European Planning Studies	2.101	49	0	2	0
Creativity and Innovation Management	2.015	14	0	0	0

从表 2－1 中可以发现，技术创新网络、创投与创新二元关系方面的研究一直是学者们关注的焦点。创投网络、创投网络与技术创新网络关系方面的研究起步相对较晚，总体发表数量较少，但却集中发表于 ASQ、SMJ、AMJ 和 OS 等高影响因子期刊上，这说明学术界对此方面研究有较高的认可度，尤其是创投网络与技术创新网络互动逐渐成为学者们关注的焦点。

（2）中文文献来源。中文文献同样来自在国内具有较高学术声誉的管理学期刊，即国家自然科学基金委管理学部认定的30种重要期刊，本书查询2000~2022年近22年的文献。我们在中国知网学术期刊数据库中分别以“创投网络（或风险投资网络）”“技术创新网络”“创投（或风险投资）”与“创新”组合为主题词进行论文检索。我们先通过主题方式进行具有包容性的宽泛检索，之后再根据论文摘要删除无关文献，保留有这些主题发表的期刊并统计数量，然后对创投与创新的文献进行分类整理，将涉及创投网络和技术创新网络互动或单向影响的文献单独归类，结果如表2-2所示。

表2-2　中文权威期刊中与本书相关议题论文的发表数量统计　单位：篇

中文期刊名称	类别	本书相关主题发表数量			
		技术创新网络	创投网络	创投与创新	双网
管理世界	管理A	21	5	1	0
南开管理评论	管理A	15	1	0	0
中国管理科学	管理A	9	5	0	0
金融研究	管理A	1	1	0	1
中国软科学	管理A	29	1	11	2
管理评论	管理A	35	2	5	0
科研管理	管理A	122	3	13	2
科学学研究	管理A	130	1	21	2
系统管理学报	管理A	12	0	0	0
系统工程理论与实践	管理A	5	1	0	0
预测	管理A	10	1	1	1
管理科学	管理A	14	0	1	0
管理工程学报	管理A	18	0	1	0
管理科学学报	管理A	6	0	0	0
系统工程学报	管理B	2	1	0	0
系统工程	管理B	20	1	1	0
科学学与科学技术管理	管理B	146	1	14	0
管理学报	管理B	37	1	4	2
研究与发展管理	管理B	72	1	8	2
数量经济技术经济研究	管理B	2	0	0	0
情报学报	管理B	4	0	0	0

续表

中文期刊名称	类别	本书相关主题发表数量			
		技术创新网络	创投网络	创投与创新	双网
农业经济问题	管理 B	3	0	0	0
公共管理学报	管理 B	1	0	0	0
公共管理评论	管理 B	0	0	1	0

从表 2-2 中可以发现，虽然技术创新网络、创投网络、创投与创新二元关系已成为中文权威期刊上的热门议题，但是创投网络与技术创新网络之间的互动关系还很少，刚刚引起国内学者的关注，但也仅限于创投网络与技术创新网络的单向研究。鲜见有研究创投网络和技术创新网络双向互动的文献。下面将分主题对所收集的文献进行梳理分析。

（二）研究进展

1. 文献年度分析

2000 年以来，以"创投和创新"为主题的发文量总体呈上升趋势，如图 2-1 所示，随着经济的发展，创投和创新的关系逐渐成为学者们研究的热点话题。

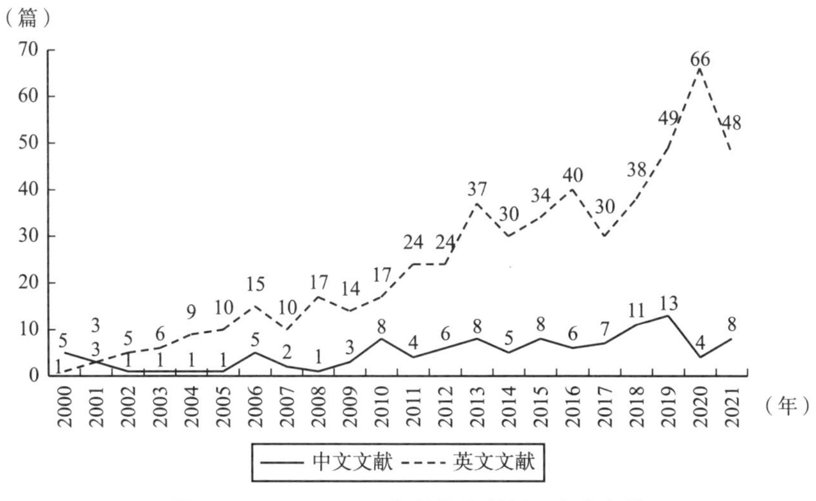

图 2-1　2000~2021 年创投和创新研究发文量

2. 创投与创新关系研究层面与阶段的回顾

该领域的研究最早可以追溯到1996年，随着创投行业经历40余年的发展并日渐成熟，学者们开始将创业投资作为独立的研究对象，探求其对国家创新系统及创新成果商业化的贡献（Senker，1996）。自此之后，创投与创新关系研究逐渐发展成为一个独立的研究领域。

（1）研究层面分析。学者们主要从创投与创新互动主体的二元和网络两个层面展开研究。其中，二元层面的研究主要以创投公司与企业间的二元互动为主题展开。随着创投网络与技术创新网络研究的兴起与深入，学者们将创投与创新互动的研究从二元层面扩展到网络层面。这个层面的研究具有的明显特点就是把网络联结定义为创投公司间的联合投资或企业间创新合作，然后运用社会网络分析法对创投网络特征和创新合作之间的关系进行研究。进一步地，依据网络构建方法的不同，创投网络和技术创新网络的相关研究分为两大类：整体网络研究和自中心网络研究。因此，学者们对创投网络与技术创新网络关系的研究也相应地从整体网络和自中心网络两个方面展开。整体网络方面的研究关注网络宏观属性。强调不同形态的整体创投网络结构与企业创新绩效或关系构建间的关系，包括网络分裂断层、网络位置分布、网络结构特征等。自中心网络方面的研究主要关注网络的微观特征。强调创投公司结点的网络特征、结点间的联结属性与企业创新产出或技术创新网络构建间的关系，如结点的网络位置、直接或间接联结和关系强度等。

创业投资与创新关系研究层面如图2－2所示。

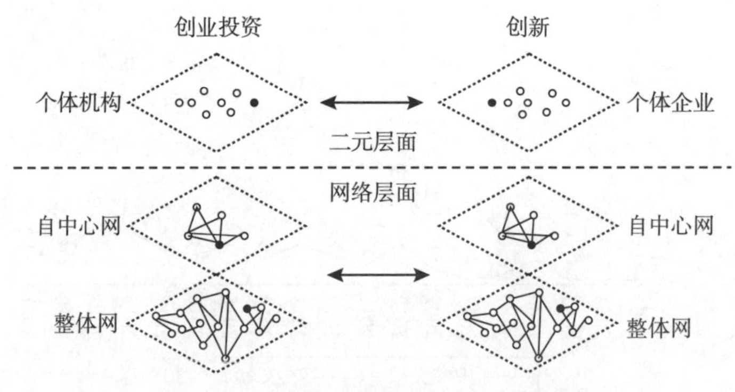

图2－2　创业投资与创新关系研究层面

（2）研究阶段分析。从创业投资与创新关系研究主题的发展脉络来看，创业投资与创新之间的关系是随着创业投资、创新各自的研究进展而发展的，本书试图梳理出创业投资与创新关系研究发展阶段与每个研究阶段的主要研究内容（见图2－3）。

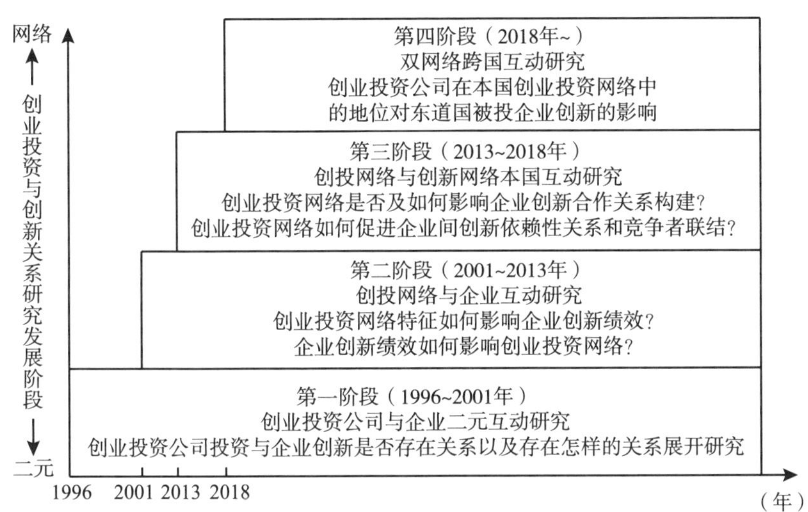

图2－3　创业投资与创新研究阶段

第一阶段：创业投资公司与企业二元互动研究。科尔图姆和勒纳（Kortum & Lerner，2000）是最开始对创业投资与创新关系进行系统验证的两位学者，他们利用美国相关数据对创业投资与专利发明关系进行实证分析。但学者们却始终无法对创业投资和创新关系达成共识（谢雅萍和宋超俐，2017）。这个阶段主要围绕创业投资公司投资与企业创新是否存在关系和存在怎样的关系展开研究。

第二阶段：创投网络与企业互动研究。随着联合投资的发展，学术界引入社会网络方法，从网络层面关注联合投资现象。创投网络的研究兴起于索伦森等（Sorenson et al.，2001）等以及波多尔尼（Podolny，2001）在期刊 *American Journal of Sociology* 上发表的两篇经典论文，自此之后创投网络与企业创新之间的关系逐渐引起学者们的关注并形成了一个相对独立的研究分支。这个阶段主要围绕“创投网络特征与企业创新绩效的因果关系”展开研究。但这个阶段的研究仅限于是否及正负向影响，对于影响机理并未探讨。

第三阶段：创投网络与技术创新网络互动研究。由于创投网络与技术创新网络两个独立研究分支的兴起与发展，创新系统中的两个重要子网络创投网络与技术创新网络的相互作用也成为学者们关注的焦点。该研究以2013年奥兹莫（Ozmel，2013）等在期刊*Academy of Management Journal*上发表的一篇论文为典型代表，之后学者们对双网络展开了研究，主要围绕"创投网络是否及如何影响企业创新合作关系构建""创投网络促进了企业间创新依赖性关系和竞争者之间的联结"，但这方面的研究还处于起步阶段，仅限于创投网络对企业间创新合作关系的单向影响研究，并未深入研究双网络的双向互动，更未涉及技术创新网络特征如何受创投网络的影响。

第四阶段：创投网络与企业跨国互动研究。伴随着跨境投资研究的深入，跨境投资网络方面的研究也引起了学者们的关注，但处于刚刚起步阶段。学者们主要关注跨国创投网络对被投企业创新绩效的单向影响。这个阶段主要以阿尔瓦雷斯-加里多（Alvarez-Garrido，2018）等2018年在期刊*Strategic Management Journal*上发表的文献为典型。该文章将本土与跨境区别、创投公司个体差异影响引入研究，考察创投公司在本国创投网络中的地位对东道国被投企业的业绩影响。但此研究是以发达国家为背景展开，并没有解释对于作为新兴国家的中国，创投公司境外投资特征及中国本土创投网络特征对东道国企业的影响规律。

近年来，世界经济形态的变化产生了新的实践问题与新的发展趋势，使创投与创新实践问题变得越发复杂，从而学者们对这些问题开始了进一步的思考与探索，从而形成了对创投公司与企业二元关系、创投网络与企业技术创新网络互动关系等理论的持续关注和总结，同时对跨境投资等现象展开了一系列研究。

二、与本书相关的主题文献梳理

由于本书涉及技术创新网络、创投网络以及创投与创新关系方面的研究，因此将从三个方面对现有文献进行梳理。

（一）创投网络方面的相关研究

1. 创投网络起源与发展的相关研究

20世纪40年代，在美国创业投资开始出现并快速发展。随着创业投资的逐步发展，到20世纪末期，世界范围内创业投资这类新颖的投融资方式开始兴起。由于这类新兴的投融资形式在很大程度上促进了经济的发展，学者们开始对其原因进行研究，从此对于创业投资的研究迅速成为学术界的热点问题。由于不确定性和风险存在于创业投资的整个过程，而在实践中发现与其他创业投资公司进行联合投资可以有效分担风险，从而增强创业投资公司的竞争力，因此这种联合投资方式被创业投资公司广泛接受。同样地，学者们也开始关注创投网络的相关问题，这样促使创投网络得到了快速的发展。创投网络概念也应运而生。有关创投网络的概念，不同学者由于研究视角和研究内容的不同，对创投网络的理解与定义也不同。现有文献对创投网络的定义主要有两种：一种观点是将创投网络定义为由两个或两个以上创投公司共同投资于初创企业从而结成的合作网络（Sorenson，2008；Brander，2010）。这种只有创业投资公司为主体的观点被认为是狭义的创投网络。另一种观点则认为，创投网络不仅包括创业投资公司，而且也包括其他的利益相关者（Florida，1988；Weber，2009），这种观点被认为是广义的创投网络。以上两种观点作为创投网络的定义，它们的主要区别在于网络构成主体的不同以及网络范围的不同。

社会网络理论的兴起与创业投资理论的深入发展促使学者们对创投网络的相关问题进行深入研究，弗里曼（Freeman，2008）指出，20世纪初，社会网络的概念开始出现在公众的视野中，之后众多以哈里森·怀特等为代表的学者开始对社会网络进行长期研究并日趋成熟。同时，在社会网络出现后，创业投资在美国落地生根，美国的经济得到了长足的发展，其发展速度远远高于其他国家。此后，这一现象引起学术界的高度关注，学者们开始对这种新兴的融资方式展开研究。进入21世纪，创投网络越来越得到学者们的关注。索伦森和斯图尔特（Sorenson & Stuart，2001）指出，创业投资公司之间的空间距离会影响它们之间的信息共享渠道。卡斯蒂利亚（Castilla，2003）的研究结果显示，一个地区的经济发展会受到该地区创投网络结构的影响。巴特加尔（Batjargal，2004）等对网络中的资本流通形式进行了研究，结果显示，创投网络会影响创业投资公司的投资行为。奥斯龙（Ahlstrom，2006）等指出，创投网络能够以一个非正式系统的形式起到非正式制度的作用。同样地，霍奇伯格（Hochberg，2007）指出，创投网络能够提升创业投资公司的投资绩效。这一结论使学者们研究创投网络的热情得到了极大的提高。

2010年以来，一些学者逐渐开始关注和研究创投网络的演变。沃特金斯（Watkins，2010）对多家创投公司的合作伙伴进行了详细访谈。研究表明，创投网络的形成主要有三个原因：搜寻所需的专业知识与信息、搜寻所需的互补资源和搜寻合适的退出机会。王艳和侯合银（2010）应用社会网络分析法，从结构特征的角度对我国创投网络进行了深入探索。结果表明，我国大部分创业投资公司位于网络边缘，位于网络中心的创业投资公司只占少数。由此可以看出，我国的创投网络的特点是具有非聚集性。周育红（2012）对国外有关创投网络的文献进行了详细的梳理，并针对这些文献进行了客观评价。他认为，虽然现有关于创投网络的文献并不多，但在国际顶级期刊上发表的文献占到1/3，并且有逐年增加的趋势，这说明创投网络方面的研究逐渐成为学术界的热点。孔令涛等（2015）指出，一般的创业投资公司能够依靠信誉良好的创业投资公司来规避其投资风险，并且提高投资回报，从而有助于形成创投网络。石林等（2016）的研究发现，创业投资的绩效与创投网络的结构嵌入间具有显著的相关关系，但是它们之间的相关关系并非线性关系。李（Lee，2017）发现，创投网络是一种复杂关系网络，但并非一开始创投网络就形成，而是随着创业投资行业的发展而逐渐形成的。创投网络能够为整个行业服务，不仅具有高效的信息传递特征，而且还具有高效的资源共享特征。然而，网络中不同节点其资源利用效率并不相同，网络中重要节点的资源利用效率较高，而这类节点常常被大型知名公司占据。胡磊等（2018）的研究表明，不同的投资决策给创投网络带来的投资业绩差异很大。具有高网络中心性或结构洞的创业投资公司能够利用多种策略来使自己的投资业绩得到提高。这些策略包括投资阶段的后移、投资区域的多元化和特定行业的投资。阿利纳吉蓬（Aleenajitpong，2021）等利用社会网络分析法对东南亚国家创业投资公司进行分析，研究东南亚国家创业投资机构的社会网络关系。结果发现，东南亚的创投网络模式具有“小世界”特性，该地区创业投资市场的中心在新加坡。

2. 创投网络概念的相关研究

虽然学术界对于创投网络的理解有多种不同的观点，但对创投网络的概念，目前学术界主要有狭义创投网络和广义创投网络两种，其中，狭义创投网络认为创投网络是由参与联合投资的创投公司之间结成的关系网络。在该种定义中，被投企业作为网络中心，被投企业的主要投资公司是创投网络的发起者与创建者，共同投资公司是主要创投网络合作成员。此种创投网络主要以投资活动为基础，投资公司可以通过市场以及关系资源的聚集效应来保证投资项目的顺利完成并稳定获取投资回报。同时，被投企业在这种创投网络关系中可以获取较高水平的资金以及企业前期发展中需要的市场关系资源等。广义的创投网络是由以焦点创投公司拥有的联结关系与其利益相关者所形成的多重合作网络。该种创投网络是创投公司在长期运作与发展过程中不断积累并整合的大量合作关系、商业关系的集合，该种网络既能够为创业投资公司提供多种投资所需要的资源，也能够把其在非投资关系下获取的信息与资源传递给被投企业，从而可以有效地支持和帮助被投企业。这种创投网络投资服务的功能相对来说比较弱，网络的关系强度相对来说也偏弱；但在这种网络中被投企业可以获取到更为多样化类型的资源，被投企业可能获得一些诸如政府关系、获取人力资源的渠道以及知识方面的合作关系等方面的特殊性支持，这类特殊性支持常常可以使被投企业抢占先机，但这类特殊性支持常常具有隐蔽性等特征，因此最终的支持水平会受到投资公司的主观意愿以及被投企业诉求明确度的影响。

表 2－3 为不同学者从不同角度对创投网络的定义。

表 2－3　不同学者从不同角度对创投网络的定义

学者	研究视角	主要观点
霍克伯格等（Hochberg et al.，2007）	狭义概念	创投网络是创业投资机构与创业投资机构之间由于联合投资而形成的网络
索伦森和斯图亚特（Sorenson & Stuart，2001）		创投网络是以创业投资公司为主体，是创业投资机构间由于联合投资而形成的联合投资网络
贝拉维蒂斯（Bellavitis，2017）		创投网络是通过投资公司和其合作伙伴经过重复合作彼此得以发展从而在它们之间结成比较稳定的合作关系，该种稳定关系可以在很大程度上提高投资公司的效率与质量，合作伙伴中的核心成员的资源获取效率受其在网络中关系的稳定性、其分支网络扩散度的影响。创投网络的本质是一种关系资源网络

续表

学者	研究视角	主要观点
李（Lee，2017）		创投网络指的是当投资行业发展到稳定期后，创业投资机构之间所结成的一种复杂关系网络，这种关系网络拥有与互联网相似的特点，如信息资源方面的高效传递以及资源方面的高效共享等，这种关系对整个行业提供服务，但是网络中的重要成员对这种关系网所提供资源的利用效率会更高，这种节点通常是行业内的大型公司和行业内的知名公司
麦克莱恩等（MacLean et al.，2010）	广义概念	创投网络是由创投公司与其上下游具有利益相关的机构联结所共同形成的关系网络

3. 创投网络影响因素方面的相关研究

已有文献对创投网络的影响因素方面进行了广泛的研究，其中包括关系强度方面的研究、网络规模方面的研究、网络位置以及声誉等方面的研究。本书只梳理与本书研究相关的内容：网络位置与声誉对创投网络影响方面的研究。

网络位置对创投网络影响方面。索伦森等（Sorenson et al.，2001）指出，创投公司在创投网络中的区位优势能够让创投公司突破空间与行业方面的限制，与远程的创业项目进行合作。霍奇伯格等（Hochberg et al.，2007）分析了美国风险投资行业的数据，结果显示，风险投资机构在风险投资网络中的位置与其成功退出率具有显著相关关系。风险投资机构的位置越好，退出成功率越高。默勒曼等（Meuleman et al.，2009）的研究结果显示，主要的风险投资公司在风险投资网络中的位置能够很大程度上减少联合投资所带来的代理成本。古勒等（Guler et al.，2010）指出，如果一个美国风险投资机构打算在别的国家或地区市场发展，需要在美国本土的风险投资网络中取得位置优势，因为这种位置优势具有信号传递功能，这种传递功能能够帮助其顺利进入海外市场。霍奇伯格（Hochberg，2010）的研究表明，在创业投资网络中占据优势位置的创业投资机构其投资回报率会更突出，同时被投资的公司也会具有更高的成功概率。党兴华和董建卫等（2012）研究了创投机构的网络位置和成功退出间的关系，研究表明，如果创业投资机构在创投网络中处于优势位置，则该创业投资机构发现优质创业项目的可能性更大。更可能为该项目提供优质的增值服务，从而使其成功退出率更高。奥兹梅尔等（Ozmel et al.，2013）研究了美国生物行业的投资事件，结果表明，网络位置的信号传递效应可以减少战略联盟在形成过程中的逆向选择问题。在创投网络中处于优势网络位置的创投公司投资的企业更可能在下一个时期与知名公司结成联盟。波洛克等（Pollock et al.，2015）的研究发现，前期创业投资机构在创投网络中的中心度有利于其在下一期创投网络中心度的提高。王育晓和杨贵霞等（2015）对创投公司网络能力的影响因素与作用进行了研究，结果表明，创业投资公司所在的创投网络规模和创业投资公司在创投网络中所处的位置紧密相关，处于更有利网络位置的创投公司，其网络规模也会更大，其合伙人在地域和行业的分布更加广泛，与合伙人的接触次数也会增加，即有利的网络位置有利于创业投资公司获取和使用网络资源能力的提高。罗吉和党兴华等（2016）的研究表明，处于创投网络中心或网络中介位置的创业投资机构有利于自身的投资绩效提高。除此之外，创业投资机构对网络资源的占有能力与处理能力也会提高其自身的绩效。创业投资机构在创投网络中的网络位置对其投资业绩的影响会随着创业投资机构对网络资源的整合利用能力的增强而提高。同时创业投资机构对网络资源的获取与运用能力会在一定程度上影响其投资业绩与中介位置，但作用并不显著。田增瑞和高庆浩等（2019）指出，创业投资机构在创投网络中的特征向量、接近和度数中心度三个中心度对风险投资机构的业绩具有正向影响作用，但中介中心性与创业投资机构的绩效之间存在负向相关关系。申（Shin，2019）指出，创业投资机构在创投网络中所占据的优势网络位置所具有的网络优势以及这种网络优势的多样化有利于创业投资机构退出业绩的提高。徐艳和刘迪（2020）的研究表明，创业投资机构在创投网络中具有的网络位置优势有利于自身知识库的不断丰富，同时，能使创业投资机构准确辨别、评价与整合外部新知识，提高其传递知识的能力。

声誉对创投网络的影响方面。默勒曼等（Meuleman et al.，2009）指出，拥有较高声誉的主要风险投资机构能够有效降低联合投资的运营成本。类似地，董建卫和党兴华等（2012）发现，拥有更高行业声誉的主创投机构能够有效地促进其联合投资规模，但拥有一般声誉的主创投资机构对其共同投资规模的影响甚微。另外，主创业投资机构作为主要投资机构的声誉也显著推动了联合投资的规模。米兰诺夫等（Milanov et al.，2013）的研究表明，新进创业投资市场的创业投资机构在创投网络中的网络中心性受到其第一次共同投资合伙人声誉的显著正向影响。波洛克等（Pollock et al.，2015）指出，创业投资机构的声誉在促进其在创投网络中的网络中心性方面具有重要的作用。王育晓等（2015）对创投公司网络能力影响因素与作用进行了研究，结果表明，创业投资机构的声誉正向影响着其所在的创投网络的网络规模以及其与投资合作伙伴间重复联结的数量，但对伙伴在行业与地域方面的扩散并不存在显著的影响，即声誉方面的优势能够促进创业投资机构对网络资源配置方面能力提高的影响。刘刚和梁涵等（2018）的研究表明，创投公司的声誉对其联合投资会产生倒"U"型作用。具体而言，创投公司在行业内声誉的选择效应会在一定程度上阻碍联合投资，创投公司在行业外声誉的增值效应会在很大程度上促进联合投资。薛超凯等（2018）研究了创业投资公司声誉对其投资决策的影响。结果表明，拥有更高声誉的创业投资公司更敢于投资风险高的新兴行业，但是这类公司在投资过程中会采用一定的措施以减小风险。杨敏丽（2020）指出，拥有较低声誉的创业投资机构与拥有高声誉的创业投资机构相比，其在引导资金的跟投过程中杠杆效应会更高。

表2－4为创投网络相关文献分类汇总。

表2－4　创投网络相关文献分类汇总

创投网络主要影响因素	学者
网络位置	索伦森等（Sorenson et al.，2001）；霍奇伯格等（Hochberg et al.，2007）；默勒曼等（Meuleman et al.，2009）；霍奇伯格（Hochberg，2010）；党兴华和董建卫等（2012）；奥兹梅尔等（Ozmel et al.，2013）；波洛克等（Pollock et al.，2015）；罗吉和党兴华等（2016）；田增瑞和高庆浩等（2019）；徐研和刘迪（2020）
声誉	默勒曼等（Meuleman et al.，2009）；董建卫和党兴华等（2012）；波洛克等（Pollock et al.，2015）；刘刚和梁晗等（2018）；杨敏利和焦飞飞等（2020）

4. 创投网络结构的相关研究

创投网络结构的研究兴起于索伦森和斯图尔特（Sorenson & Stuart，2001）以及波多尔尼（Podolny，2001）在*American Journal of Sociology*上发表的两篇经典论文，自此之后逐渐引起学者们的关注并形成了一个相对独立的研究分支。该种类型研究的最重要特点是将网络联结界定为创业投资公司间的联合投资，并利用社会网络理论对创投网络结构特征的前因及后果变量进行研究。依据网络构建方法不同，创投网络领域的相关文献可以分为两大类：整体网络研究和自中心网络研究。前者通常由创投市场的全部创投公司构成网络，而后者则仅由与焦点创投公司有网络联结关系的创投公司构成网络，二者的主要区别在于网络边界不同。

（1）整体网络研究。创投整体网络研究的重点主要集中于创投公司在创投网络中的结构特征（网络中心性和结构洞）对创业企业的影响，还有少量文献探讨了上述网络结构特征的前因变量。

网络结构特征的前因变量研究方面。已有文献仅仅研究了网络中心性的前因变量，尚没有文献探讨结构洞的前因变量。关于网络中心性的前因变量，主要研究结论概括如下：①创投公司自身特征对网络中心性的影响。方德（Fund，2008）等认为，创投公司的资源禀赋、所投资的项目能否 IPO 上市是影响网络中心性的重要因素。霍奇伯格（Hochberg，2007）等研究发现，累计投资金额、平均 IPO 抑价水平对创投公司在创投网络中的中心性具有显著正向影响。波洛克（Pollock，2015）研究发现，创投公司的声誉对网络中心性有显著正向影响。②创投公司二元关系特征对网络中心性的影响。方德（Fund，2008）等认为，是否与其他知名创投公司联合投资是影响网络中心性的重要因素。米兰诺夫和谢博得（Milanov & Shepherd，2013）研究发现，对于新进入创投市场的创投公司来说，新进创投公司之后的网络中心性会受首次联合投资伙伴声誉的正向影响。③创投公司网络特征对网络中心性的影响。霍奇伯格（Hochberg，2007）研究发现，创投公司上一期的点出度中心性会影响下一期的点入度中心性。波洛克（Pollock，2015）指出，创投公司前期在创投网络中的中心性会很大程度上促进下一期网络中心性的提高。

网络结构特征的后果变量研究方面。关于网络中心性的后果变量，主要研究结论概括如下：①创投公司网络中心性对企业自身特征变量的影响。网络中心性高的创投公司投资的企业更有可能存活到下一轮融资（Hochberg et al.，2007），更有可能抑制企业自身投资不足（蔡宁和何星，2015），更有可能 IPO 上市（Hochberg et al.，2007；Abell & Nisar，2007；党兴华等，2011），IPO 的期限更短（Nahata，2008；董建卫等，2012；Ma et al.，2013；杨敏利和党兴华，2014），IPO 溢价率更高（周伶等，2014）。②创投公司结构洞对企业自身特征变量的影响。周伶等（2014）研究发现，创投公司是否占据结构洞位置对创业企业的IPO溢价率无显著影响。③创投公司网络中心性对企业二元关系变量的影响。奥兹梅尔等（Ozmel et al.，2013）研究发现，网络中心性高的创投公司投资的企业更有可能与知名企业形成R&D联盟。但是，如果接受投资的企业原本在R&D联盟中占据了网络中心性较高的位置，上述正向影响会减弱。

（2）自中心网络研究。已有创投网络领域的国内外文献几乎全部都属于整体网研究，仅有特瓦尔等（Ter Wal et al.，2016）的最新成果属于自中心网研究。特瓦尔等（Ter Wal et al.，2016）的最新研究成果表明，创投公司拥有开放—专业化的自中心网络，或封闭—多样化的自中心网络时，所投资的企业成功存活的可能性最大。

表2－5为创投网络结构相关文献分类汇总。

表2－5　　创投网络结构相关文献分类汇总

网络构建方法		整体网络		自中心网络
关注的网络结构特征		网络中心性	结构洞	结构开放性、知识多样化
前因变量	创投自身特征变量	方德等；霍奇伯格等；波洛克等		
	创投二元关系变量	方德等；米兰诺夫和谢博得		
	创投网络特征变量	波洛克等；霍奇伯格等		
后果变量	企业自身特征变量	霍奇伯格等；阿贝尔和尼萨尔；纳哈塔、马等；党兴华等；董建卫等、杨敏利和党兴华；胡志颖等；蔡宁和何星、周伶等	周伶等	特瓦尔等
	企业二元关系变量	奥兹梅尔等		
	企业网络特征变量			

现有研究主要从整体网络层面，基于企业自身特征、二元关系和网络结构特征三个维度对企业在整体网络中的中心度的前因和后果展开了研究。少量研究从自中心网络层面展开研究，但现有研究并未同时考虑自中心和整体网络两个层面。

5. 创投网络功能的相关研究

（1）信息传播功能。社会网络理论认为社会网络具有信息传播作用。创投网络是社会网络的形式之一，因此创投网络的基本功能也是信息传播。其信息传播方面的功能主要表现在创投机会信息以及项目筛选信息方面的传播。

首先，由于创业投资具有区域和行业集中等特点，因此投资公司在寻找投资机会时无法完全了解投资机会，这就使投资公司在选择投资项目时只能被限制在一个有限范围之内。然而，由于可供投资公司选择的投资机会信息越多，投资公司更可能选择到高质量的风险项目的，因此，此种项目选择范围的限制将会影响投资公司的投资绩效。由于创投网络具有创投机会信息的传播功能，所以投资公司可以通过创投网络更大范围地了解并掌握投资机会方面的信息，缓解并突破以上限制。

其次，处于创投网络中的创投公司相比单个独立的创投公司，能够挑选到更高质量的投资项目。不确定性决策理论认为，两个参与者的共同决策相比由其中某个参与者单独作出的决策更有效率，即两个决策参与人的共同决策可以很大程度地降低决策的不确定性。创投网络中的创投公司来自不同的背景，不同创投公司所掌握的信息范围不同、侧重点不同。当创投公司在挑选投资项目时，可以向网络中的其他成员创投公司咨询，获取到“第二者意见”。创投公司的一个投资决策通常是通过参考创投网络中多个创投公司所提供的“第二者意见”作出的，因此，投资项目选择决策的效率得到很大程度的提高，投资项目的不确定性得到很大程度的降低，逆向选择风险也得以避免。

最后，由于网络所起的信息承载作用，使创投网络中创投公司投资的企业会显现出隐形的声誉，这种声誉有助于创投公司减少筛选项目所耗费的成本。一般来说，由于企业在创业初期不可能在资本市场上具有较好声誉，对外部融资环境具有很大程度的依赖性，但如果企业能够获得创投网络中的成员创投公司的投资，则创投公司能够通过创投网络将这种信任信息传递给所投资的企业，此时被投资的企业将能够在资本市场上被更多的投资公司或其他利益相关者所关注，这种关注将会使被投资企业在以后的发展过程中得到更多资金方面的支持、管理类的支持以及专业服务等资源。

（2）资源共享功能。资源共享是社会网络的另一项重要功能。网络成员有机会通过合作网络关系获取到自身无法独立获取的各种资源（Seibert et al.，2001）。组织间合作关系网络能够帮助成员组织实现网络中的资源共享，获取所需要的稀缺资源，最终提高自身的竞争优势，改善其战略绩效（Pillai，2006）。

同样地，创投网络可以视作一个资源和信息交流的平台，网络中的成员创投公司之间能够很方便地进行资源共享，创投公司通过与网络内的伙伴创投公司不断进行交流与学习，创投公司自身的创投水平和解决问题的能力可以得到提升（徐宝林，2009）。创业投资与其他金融投资的一个重要区别在于，创投公司为被投企业提供诸如帮助被投企业确立人力资源政策（Hellmann & Puri，2002），选择战略合作伙伴（Lindsey，2008），重新雇用主要管理人员（Hellmann & Puri，2002），确立产品的市场营销战略，拓宽产品的用户范围以及联系投资银行和会计师事务所等中介机构以提供中介服务等各种增值服务。这些服务都需要创投公司为被投企业提供各种类型的资源。然而，对于单个创投公司来说，其资源有限，而创投网络为创投公司提供了一个资源共享平台，创投公司可以从中获取所需要的资源。

学者们对于创投网络促进资源共享方面也进行了大量研究。大量研究表明，创投网络可以帮助创投公司突破财务与人力资本的限制，实现分散组合投资（Verwaal et al.，2010），王晓娟（2007）指出，由于创投网络形成的知识交互平台的存在，由此创投网络中形成了一种特殊的知识交易逻辑，该逻辑是由网络中的知识交流与传递行为所造就的，这种交易逻辑能够使整个知识交互平台的知识、信息与技术在网络中的成员创投公司之间得到共享。同样地，克莱尔克（Clercq，2008）等指出，基于创投网络，成员创投公司可以利用从网络中获得的被投企业成长过程中解决难题的经验，更好地为被投企业提供增值服务，有助于提高资源配置效率，从而为被投企业提供更高效的资源匹配。

（3）地位与信号发送。社会网络还具有信号发送功能，波多尔尼（Podolny，1993）认为，市场中的生产者有地位高低之分，生产者在市场中的地位能够为别的市场主体传递其产品质量的信息，因此市场地位具有质量信号发送的功能。波多尔尼（Podolny，1993）进一步研究认为，生产者合作网络关系在地位与产品质量关系中起到中介作用。即因为“生产者在市场中的地位（相对于其他市场主体）是对其产品质量的一种感知”。又因为生产者的网络关系在市场地位与其产品质量中起中介作用，因此生产者的网络关系状况能够间接地衡量生产者的地位并能够发送有关其产品质量方面的信息。波多尔尼（Podolny，2001）在后续研究中将主体间网络信号的发送功能比作“棱镜”（prism），并指出“组织的地位是市场中其他主体所能感受到的流向该组织间网络关系的结果”“可以塑造市场中其他主体对该组织的预期与行为，从而改变该组织所面临的机会与限制”（Podolny，2005）。因此，网络关系状况与市场地位之间的这种密切关系使组织间网络具有了信号发送的功能。现有研究认为，由于市场地位本身无法直接观测，因此，可以利用网络关系与市场地位的这种关系，通过度量组织的网络关系来衡量市场地位（Guler & Guillén，2010）。

创投网络的信号发送功能也为学者们所证实。如波多尔尼（Podolny，2001）的研究发现，创投公司在创投网络中的关系状况可以向被投企业及其他创投公司发送其自身品质的信号，并最终影响投资公司的投资行为与投资决策。古勒和吉伦（Guler & Guillén，2010）的研究表明，创投公司在本土创投网络中的网络联结状况会向海外市场的相关行为主体发送其自身品质的信号，并最终影响投资公司进入海外市场的可能性。

表2－6为创投网络功能的相关文献分类汇总。

表2－6　　　　创投网络功能的相关文献分类汇总

创投网络功能	学者	观点
信息传播功能	莱文和克罗斯，2015	信息传播方面的功能主要表现在创业投资机会信息以及项目筛选信息方面的传播
资源共享功能	克莱默和利登，2001； 皮莱，2006； 林德赛，2008； 韦尔瓦尔等，2010	创投网络能够帮助成员组织实现网络中的资源共享，获取到所需要的稀缺资源
地位与信号发送	波多尔尼，2005； 波多尔尼，2001； 古勒和吉伦，2010	创业投资公司在创投网络中的关系状况可以向被投企业及其他创业投资公司发送其自身品质的信号，并最终影响投资公司的投资行为与投资决策

（4）创投网络对被投企业的价值。联合投资关系是投资者社会资本的重要组成部分，因为先前联合投资关系使投资者建立起可以支持他们投资决策信息优势的网络（Dimov & Milanov，2010；Milanov & Shepherd，2013；Liu & Maula，2015）。创投网络为其网络成员提供了在高信任环境中共享新投资机会的信息优势，这种机会网络外成员无法获取（Sorenson & Stuart，2001）。如拥有高社会资本的创投公司会有较高的在被投企业启动阶段投资的愿望，因为它们能够从创投网络中优先获取到企业质量方面的信息，这

些信息降低了投资的预期风险，增加了未来现金流的评估（Alexy et al.，2012）。

创投公司通过以往创投网络经验建立起来的社会资本对投资者和被投企业都是重要的资产（Hochberg et al.，2007；Hallen，2008）。一个新创企业获得首轮投资之后，创投公司通常担任咨询者角色，创投公司从过去投资行为中累积的社会资本会在新创企业中起到重要的支持作用。这有助于企业的发展，增加创投公司的回报（Sorenson & Stuart，2001）。对于新创企业，创投网络资源是提供关键优势的二级社会资本的形式（Galunic et al.，2012）。创投公司通常需要帮助早期企业成长，但创投公司自身拥有的资源和知识可能不足以为企业提供高质量的咨询。已有研究已经证实创投网络联结的个数正向影响被投企业的绩效（Hochberg et al.，2007），最终增加成功退出的可能性（Shane & Stuart，2002；Hsu，2006；Fitza et al.，2009）。创投公司社会资本的两个方面对其组合公司尤其有价值：创投公司所在的创投网络中信息的多样化；创投公司对于信息如何应用于企业特定背景中的解释能力。

第一，创投公司社会资本对其组合企业的价值是组合企业可以获取到异质性知识，这些异质性知识正是组合企业咨询的基础（Lungeanu & Zajac，2015）。创投公司可能具有深层次的、特定行业和地区的专业知识，但来自自身领域专业知识的异质性也很重要（Bellavitis et al.，2014）。和其他创投公司的辛迪加网络使投资者接触不熟悉的信息，并了解其他的行业及地区（Sorenson & Stuart，2001；Hochberg et al.，2007；Liu & Maula，2015）。虽然创投公司倾向于与熟悉行业的创投公司结成网络（Sorenson & Stuart，2001），但每当与不同背景和组合的创投公司被吸引到同一个目标公司，或者当投资者基于以往投资不一致绩效的基础上，决定改变其投资策略时（Baum et al.，2005），异质的创投网络关系就建立起来了（Sorenson & Stuart，2008）。此时，它们为所投资的企业带来了互补性资源（Hochberg et al.，2015）。来自一个环境或知识领域的理解可能在另一些环境中具有潜在的价值，即可能为另一个环境提供了一个新的未知的解决方法（Hargadon & Sutton，1997；Hsu & Lim，2014）或带来解决问题的新视角（Rosenkopf & Nerkar，2001；Perry-Smith，2006）。

第二，创投公司准确地理解多样化信息的能力会影响其向被投企业提供建议的质量。理解信息和评估其价值方面可能存在的障碍（Dougherty，1992）会限制投资者整合不同来源的信息并产生新观点的能力（Mors，

2010；Wadhwa et al.，2016）。向被投企业提供建议的质量依赖于投资者理解所获取的信息并评估其如何应用于企业专门行业的能力，这可能又依赖于投资者社会资本是否来自封闭网络的多样化，和开放网络中的专业化。

（二）技术创新网络的相关研究

1. 技术创新网络的起源和发展的相关研究

技术创新网络源于社会网络理论，最早提出创新网络概念的学者是弗里曼，他在期刊 *Research Policy* 上发表了有关技术创新网络的经典文献 "Networks of innovators：a synthesis of research issues"，在该篇文献中，他完全等价地交替使用"创新者网络"和"技术创新网络"的概念，提出"技术创新网络是一种基本制度安排，这种制度安排用来应对系统性创新，能够将技术创新网络看作一种介于市场与等级组织间的组织形式，网络合作成员之间结成了强关系与弱关系并存的松散网络结构，强调技术创新网络中的基本联结机制是成员间的创新合作关系"。这个概念的提出是技术创新网络概念正式提出的标志，为以后技术创新网络研究的发展奠定了基础。

梳理已有文献，学者们对技术创新网络的研究，主要从网络结构特征、位置特征和关系特征三个方面展开，相关的研究成果主要概括为以下三个方面：（1）技术创新网络结构特征方面。对技术创新网络结构方面的研究主要有两种相反的观点：一种观点认为开放的、富有结构洞的稀疏网络结构更可能形成网络成员的信息优势。在开放网络中，通过结构洞获得的信息被认为不存在冗余性（Eisingerich，2010；魏江等，2014）。而另一种观点则认为具有多个共同第三方关系的密集网络结构更可能获取到异质的信息（Tortoriello et al.，2014；赵炎等，2016）。对网络多样化的影响作用，同样有两种观点。一方面，现有研究认为网络成员间的信息多样化增加了网络的非冗余度，从而有利于网络成员对新颖知识的获取（Beers et al.，2014；张妍和魏江，2016）。另一方面，一些学者从网络成员对知识的理解方面研究网络多样化对成员信息获取的影响（杨钊和陈士俊，2008；陈伟和张旭梅，2011）。（2）技术创新网络位置特征方面。现有文献主要从技术创新网络位置对自身、二元关系及网络特征影响展开研究。如钱锡红和杨永福（2010）认为，企业的中心度与创新绩效正相关。企业占据的结构洞数目与创新绩效正相关。奥兹梅尔和古勒（Ozmel & Guler，2015）认为，当合作伙伴拥有更大的联盟和更高的相对地位时，企业相对位置在获取合作伙伴的资源和取得企业绩效方面更加重要。蔡（Tsai，2001）指出，居于中心位置的部门或企业与其他组织的联系更紧密。党兴华和肖瑶（2015）认为，企业在网络中的声誉会影响企业与伙伴之间的二元关系机制。奥扎坎和艾森哈特（Ozacan & Eisenhardt，2009）指出，核心企业中的高管对于企业所在产业环境的认知有助于企业同时建立多种不同的关系。皮克斯和莫西（Perks & Moxey，2011）认为，位于中心位置的企业在构建创新网络、选择网络成员和创新任务分配上具有一定的控制力。（3）技术创新网络关系特征方面。学者们主要从技术创新网络成员间关系强度的影响展开研究。如拉森（Larson，1992）认为，技术创新网络中的强联结关系比弱联结关系更能够促进信息在网络中的高效率流动和网络中成员企业学习吸收新知识，促进成员企业的技术创新。蔡宁等（2008）构建网络强弱关系对技术创新影响的理论框架，并利用中国上市公司数据验证网络关系与技术创新之间的关系。孔晓丹等（2019）的研究结果表明，技术创新网络中企业间的关系强度在知识流动与企业创新绩效关系中起正向调节作用。

2. 技术创新网络概念的相关研究

对企业技术创新网络的研究最早应追溯到熊彼特（1991）对技术创新的研究，熊彼特（1991）在其研究中指出，创新可以看作企业家所具有的一种“英雄行为”，属于一类冒险行动。基于该种理论形成了技术推动型创新与市场需求拉动型创新两种类型的创新，并且认为企业中的技术创新属于企业内部创新。20世纪80年代以后，技术创新被发现是企业经营过程中的一个重要组成部分，而且在技术创新中具有专业分工的趋势。因此，不同主体之间的联系与相互依赖变得非常重要。创新主体必须和别的组织结成联系，这样能够获取自身需要的信息资源和知识资源等，从而产生了基于分工的技术创新，即产生了技术创新网络。因而技术创新从企业内部发展到在整个创新网络中进行。技术创新网络使成员企业技术创新水平得到整体提高。

近年来，出现了大量有关合作创新的研究，尤其是组织理论的不断发展，先后提出创新联盟、虚拟组织等理论后，技术创新网络逐渐成为学者们关注的热点问题。学者们主要从资源、战略管理和组织行为等多个视角对技术创新网络展开研究，然而目前对技术创新网络概念的界定并未达成统一。不同学者强调的重点并不一致，主要基于信息流动、技术创新网络构成要素等方面对技术创新网络层次、特征等进行研究，此外，还有大量研究表明，对于技术创新网络方面的研究，经济学重点对组织间结成的正式网络进行研究，而社会学则将研究重点放在网络成员之间的互动、网络成员之间结成的非正式网络关系等方面。

表2-7为不同学者从不同角度对技术创新网络的定义。

表2-7 不同学者从不同角度对技术创新网络的定义

学者	研究视角	主要观点
米勒特等（1996）	信息流视角	认为企业技术创新取决于自身对资源的拥有程度，但任何企业资源都是有限的，难以满足技术创新的需求，企业只能通过加入技术创新网络的方式得到优质资源，从而最大化资源的价值
琼斯等（1997）		认为在技术创新网络中，参与者以正式或者非正式协议、社会关系等和网络中的其他成员结成合作关系，从而实现降低成本、拓展市场、规避风险等的目的。该网络由多通道、互相依赖的成员企业组成。各单元结点间具有跨层级、跨界的交互作用。这些结点相互选择并以创造新的产品和服务为目的组织在一起
弗里曼（1999）		是一种基本制度安排，这种制度安排用来应对系统性创新，企业之间的创新合作关系是技术创新网络中的主要联结机制
吴贵生等（2000）		认为技术创新网络是网络成员为创新和其他企业结成合作关系以得到自身的发展，并与其他组织交换各类知识与信息，以及其他的创新资源，在企业的创新活动中，企业与其他组织之间建立起来的各类联系并且组成网络
琼斯等（2001）		技术创新网络是企业为搜索技术创新和自身发展所需要的新知识，社会活动由随机模式转化为制度化模式是技术创新网络形成的路径
哈格杜姆等（2002）		企业利用技术创新网络能够得到所需要的新知识，并逐渐提高企业的技术创新能力
陈新跃等（2002）		企业基于契约或重复交易，利用互联网信息技术手段和其他组织构建的互相信任、互利互助的各类制度安排，这种制度安排是为了企业能够获取创新资源并提高其创新的能力
王大洲（2006）		认为企业技术创新网络是企业在创新活动过程中所有已经产生的网络关系，也就是说是企业在技术创新中以企业为中心所结成的各类正式与非正式关系的总体结构
黄玮强（2011）等		认为技术创新网络是通过正式或非正式创新合作关系与拥有互补类资源的网络成员结成网络组织以应对在企业进行的系统性技术创新中所产生的不确定性与复杂性

续表

学者	研究视角	主要观点
党兴华和张首魁（2005）	技术创新网络构成要素视角	根据组织理论的发展，基于模块化组织的视角再次提出，技术创新网络是一种由复杂网络组织，这种网络组织由多个结点构成
张首魁（2006）等		技术创新网络是由多个企业及相关组织组成的，以产品或工艺创新及其产业化为目标，以知识共享为基础，以现代通信技术为支撑、松散耦合的动态开放新型技术创新合作组织。网络内成员在新产品开发、生产和商业化过程中，共同参与创新活动，实现创新的开发与扩散
杜利（2007）		企业在产品创新中形成的网络组织，这种网络组织主要由企业和其他组织经过长期反复的商业合作组成的系统，这些企业和组织是自治的，并在法律上具有平等性
查特斯（2006）		是一种松散耦合系统，这种系统是由自治且独立的企业所组成，合作创新是这种系统的目标所在，技术创新网络一般拥有低密度与高中心性的特性

3. 技术创新网络结构的相关研究

技术创新网络结构特征作为影响企业创新的关键因素成为学者们研究的一个重要分支，学者们主要关注技术创新网络结构特征的前因和结果变量。依据网络构建方法不同，技术创新网络结构方面的研究可以分为两大类：整体网络研究和自中心网络研究。前者通常由参与创新的全部企业构成网络，而后者则仅由与焦点企业有网络联结关系的企业构成网络，二者的主要区别在于网络边界不同。

（1）整体网络研究。企业在整体网络中的位置（中心性和结构洞）受到学者们的高度关注，主要研究网络位置的前因与后果变量。

网络结构特征的前因变量研究方面。关于网络位置（中心性和结构洞）的前因变量，主要研究结论概括如下：①企业自身特征对网络位置的影响。米安（Mian，2013）研究发现，较高网络能力的节点企业能够在网络关系布局中形成网络位势，占据结构洞位置。胡海青和张宝建（2013）认为，网络能力较高的企业具有较高的中心度。②二元关系对网络位置的影响。戈尔岑（Goerzen，2007）指出，企业参与联盟组合能够促使核心企业处于结构洞位置，增加企业所拥有的社会资本，从而为企业创造价值。③网络特征对网络位置的影响。盖和杜塞特（Gay & Dousset，2005）用网络度中心性、网络中介中心性和网络邻近中心性三种中心性、路径长度以及簇系数对网络结构进行描述，研究表明，在法国生物科技产业中，随着技术的进步，拥有核心技术的节点成为网络的核心节点。

网络结构特征的后果变量研究方面。对于网络位置（中心性和结构洞）的后果变量，学者们进行了大量的研究，主要研究结论概括如下：①技术创新网络中心性、结构洞对企业自身特征变量的影响。钱锡红和杨永福（2010）认为，企业的中心度与创新绩效正相关。企业占据的结构洞数目与创新绩效正相关。奥兹梅尔和古勒（Ozmel & Guler，2015）认为，当合作伙伴拥有更大的联盟和更高的相对地位时，企业相对位置在获取合作伙伴的资源和取得企业绩效方面更加重要。②网络中心性、结构洞对企业二元关系的影响。蔡（Tsai，2001）居于中心位置的部门或企业与其他组织的联系更紧密。党兴华和肖瑶（2015）认为，企业在网络中的声誉会影响企业与伙伴之间的二元关系机制。③技术创新网络中心性、结构洞对企业网络特征的影响。奥扎坎和艾森哈特（Ozacan & Eisenhardt，2009）研究发现，核心企业高管对产业环境的认知有助于企业同时建立多种不同的关系。皮克斯和莫西（Perks & Moxey，2011）认为，位于中心位置的企业在构建技术创新网络、选择网络成员和创新任务分配上具有一定的控制力。

（2）自中心网络研究。有关企业自中心网络的研究，主要存在两个基本的视角：网络嵌入观和资源基础观。网络嵌入视角主要从成员对信息的接触方面研究网络结构开放性的前因和后果变量。资源基础观视角主要从成员对信息的理解方面考察知识多样化的前因和后果变量。

网络结构特征的前因变量研究方面。对于结构开放性和知识多样化的前因变量方面，主要研究结论概括如下：①企业自身特征对网络开放性和多样化的影响。惠特菲尔德和兰德罗斯（Whitfield & Landeros，2006）的研究表明，有亲和力的文化体系对供应商多样化有重要影响。张宝建和孙国强（2015）认为，企业的网络能力越强，创新合作伙伴之间的差异性越大（异质性）。②企业二元关系特征对网络开放性和多样化的影响。学者们一方面从企业间二元关系对网络封闭性和多样化的影响进行研究。如刘兰剑等（2009）认为，节点之间强关系会对知识资源存在一定程度的限制，这种限制阻碍了异质性知识的存在。李玲（2011）研究发现，企业间联合依赖与不对称依赖的程度会影响企业在合作过程中的开放度。③企业网络结构特征对网络开放性、多样化的影响。卡帕尔多（Capaldo，2007）认为，应构建具有强关系内部结构与弱关系的外部结构的双层网络结构，通过这种方式可以提高网络的多样化，从而促进了更大的、更加多样化的开放网络的出现。常红锦和党兴华（2013）认为，合作双方可以通过共同第三者提供的经验信息对彼此有更好的了解和评估，从而能“延续继承”第三方对合作对象的信任，提升网络合作效果。

网络结构特征的后果变量研究方面。对于网络封闭性、多样化的后果变量，学者们进行了大量的研究，主要研究结论概括如下：①网络开放性、多样化对企业本身的影响。网络开放性的影响作用，已有文献有两种不同的观点：其中一部分学者指出，拥有多个结构洞的、稀疏的开放网络结构更能促进成员企业形成信息优势。在开放网络中，经过网络中的结构洞得到的网络资源可能不存在冗余性（魏江等，2014）。而另一部分学者则指出，密集的、具有多个共同第三方的网络结构更可能得到多样化的信息资源（Tortoriello et al.，2014）。对网络多样化的影响作用，同样有两种观点。一方面，现有研究认为，网络成员间的信息多样化增加了网络的非冗余度，从而有利于网络成员对新颖知识的获取（Beers et al.，2014；张妍和魏江，2016）。另一方面，一些学者从网络成员对知识的理解方面研究网络多样化对成员信息获取的影响（杨钊和陈士俊，2008；陈伟和张旭梅，2011）。②技术创新网络开放性、多样化对企业二元关系的影响。学者们一方面研究网络封闭性、多样化对企业二元关系的影响。如萨尔玛和拉斐尔（Salma & Raffaele，2010）的研究结果认为，密集的网络结构可能会在网络中“锁死”焦点企业，也可能会让网络中的企业以损耗大量成本来维持和伙伴企业的关系。另一方面在稀疏型网络中，成员企业之间会努力提高知识分享程度并交流频率，从而能够达到有效地共同解决问题，并进行新产品研发的目的。贾森（Jason，2010）认为，开放型网络结构中，企业由于占据较多的结构洞，因此能够与彼此间不联系的群体建立联系。③技术创新网络开放性、多样化对企业网络特征的影响。王发明和蔡宁等（2006）对美国128公路区的产业集群衰退进行了研究，其中产业集群网络结构的运行效率利用产业集群的聚类程度来表示，研究发现，产业集群的高聚类性能够促进成员间信任的培养，但这种聚类性容易使网络的开放性降低。

技术创新网络相关文献分类汇总如表2-8所示。

表 2-8 技术创新网络相关文献分类汇总

网络构建方法		整体网络	自中心网络
关注的网络结构特征		网络中心性、结构洞	结构开放性、知识多样化
前因变量	创新自身特征变量	米安等；胡海青和张宝建等	惠特菲尔德和兰德罗斯；张宝建和孙国强等
	企业间二元关系变量	戈尔岑等	刘兰剑等；李玲等
	技术创新网络特征变量	盖和杜塞特等	卡帕尔多；常红锦和党兴华等
后果变量	企业自身特征变量	钱锡红和杨永福；奥兹梅尔和古勒等	艾辛格尼奇；魏江和张妍等；赵炎和孟庆时等
	企业二元关系变量	蔡；党兴华和肖瑶等	萨尔玛和拉斐尔；贾森等
	企业网络特征变量	奥扎坎和艾森哈特；皮克斯和莫西等	王发明和蔡宁等；卡帕尔多等

现有研究主要从整体网络层面，基于企业自身特征、二元关系和网络结构特征三个维度对企业在整体网络中的中心度、结构洞的前因和后果展开了研究。从自中心网络层面，基于结构嵌入和资源基础观两个视角对自中心网络结构开放性和知识多样化的前因和后果变量的研究比较丰富。但现有研究仅从成员对信息的接触或理解单一视角展开研究。

4. 技术创新网络与企业创新绩效的相关研究

（1）企业创新绩效的相关研究。现有文献多用企业创新绩效来评价企业的技术创新活动，企业创新绩效是指企业在采用新技术以后所增加的企业价值。因为企业在创新过程中，在投入与产出方面具有复杂性与多样化等特征，因而现有的企业创新绩效的评价体系并没有一个统一的标准，学者们在评价企业创新绩效时所采用的指标体系并不相同。其中，哈格多伦（Hagedoorn，2003）等利用专利数量、研发投入、新产品开发数以及专利引用等多个指标构成的评价指标体系评价了四个高科技产业将近 1 200 家企业的创新绩效。菲尔宾（Philbin，2008）利用七个指标构成创新绩效的评价指标体系，包括新产品销售额、新产品利润率、专利申请数、新产品开发周期、新产品开发数、研发投入占销售收入的比例、行业以及新技术掌握程度。杜伊斯特斯（Duysters，2011）的研究指出，研究与发展（R&D）投入能够反映上市公司创新情况，用来衡量公司的创新绩效。史密斯（Smith，2014）的研究采用企业年度全要素生产率水平来衡量企业创新绩效。王兰芳和胡悦（2017）在分析创业投资对创新绩效的影响过程中，以专利申请数量和专利质量（发明专利申请、有效专利数、国际专利分类号 IPC 数和专利权利要求数）衡量企业创新绩效。岳鹄等（2018）则利用项目成功率、专利、开发成本以及新产品销售等构成创新绩效的评价指标体系。孔晓丹和张丹（2019）的研究表明，专利数据能够更好地反映技术知识方面的创新情况，因而企业创新绩效可以采用技术创新网络中的每个成员的专利授权数加总来衡量。李明星等（2020）以产学研合作为背景，研究企业在创新网络中的位置和关系强度与技术创新绩效的关系，对企业创新绩效进行测度，该研究采用数据包络模型，企业的投入指标利用企业当年研发投入总额占营业收入的比例和企业当年研发人员数占公司总人数的比例进行衡量，企业的产出指标利用发明专利申请数，产出指标以投入指标为基年，滞后一年期。

表 2 -9 为企业创新绩效测度的相关文献。

表 2 -9　　企业创新绩效测度的相关文献

学者	创新绩效测度
哈格多伦等（2003）	研发投入、专利数量、专利引用以及新产品开发数多指标
菲尔宾（2008）	以新产品利润率、专利申请数、新产品销售额、研发投入占销售收入的比例、新产品开发数、行业、新技术掌握程度与新产品开发周期七个指标
杜伊斯特斯（2011）	R&D 投入
史密斯（2014）	企业年度全要素生产率水平
王兰芳和胡悦（2017）	专利申请数量和专利质量（发明专利申请、有效专利数、国际专利分类号 IPC 数和专利权利要求数）
岳鹄等（2018）	新产品销售、项目成功率、专利与开发成本等
孔晓丹等（2019）	企业专利授权数
李明星等（2020）	采用数据包络模型，企业的投入指标利用企业当年研发投入总额占营业收入的比例和企业当年研发人员数占公司总人数的比例进行衡量，企业的产出指标利用发明专利申请数，产出指标以投入指标为基年，滞后一年期

（2）技术创新网络与企业创新绩效的相关研究。技术创新网络与企业创新关系方面的研究，已有文献大多研究网络位置、网络关系与网络结构。

首先，技术创新网络位置与创新绩效的关系方面。伯特（Burt，1992）指出，企业占据结构洞位置时，更可能拥有所需要的信息以及对信息的控制权，也更可能搜索到多样化的知识与信息资源，因而在实现个体创新时会更容易，最终更可能提高其创新绩效。查欣（Chahine，2012）等的研究结果表明，处于结构洞越多的网络中，企业越可能与间接联系的伙伴联系，得到异质的、特殊的资源，以促进企业的成长，提高企业的价值，促进企业创新绩效的提高。陈伟等（2011）在测量网络结构时采用中心性、结构洞以及中间中心性三个指标，研究结果显示，网络中企业的位势由网络中心性与结构洞两个变量来决定，这种位势会进一步影响企业的创新绩效。党兴华等（2013）在测量创新网络中企业成员所处的位置时采用网络中心性与结构洞两个变量，并研究企业网络位置对其创新绩效的作用。奥蒂奥和肯尼（Autio & Kenney，2014）等的研究结果显示，企业在创新活动过程中，企业在社会网络中所处的位置可以促进企业及时而便捷地得到其提高企业创新效率所需的信息与资金等资源，达到用更低的成本使其创新绩效与生产力水平提高的目的。与此同时，网络化方式可以辅助网络成员企业创新，最终使企业创新绩效得以提高。王永贵等（2019）在社会网络理论的基础上，对网络中心性与企业创新绩效之间的关系进行了研究，研究结果表明，网络中心性显著正向影响企业绩效。潘和宋（Pan & Song，2019）等指出，网络中心性与网络关系强度直接正向影响着高新技术集群中的企业在技术获取、消化以及发展等方面的能力。与此同时，技术消化会受到企业技术获取的正向影响，企业的技术发展会受到技术消化的正向影响，高新技术集群中的企业的创新绩效会受到技术发展的直接正向影响。贡文伟等（2020）在社会网络与资源依赖理论的基础上，研究联盟网络与企业创新绩效的关系，构建二者关系的概念模型，探索联盟网络对企业创新绩效的影响机制。结果发现，网络关系强度与网络中心性促进了企业绩效的提高。王建平等（2020）指出，网络中心性与中介中心性都对企业创新绩效具有显著的提升作用。

其次，网络关系与企业创新的关系方面。企业间的关系强度可以让企业获得不同层次的信息，从而使企业之间能够建立起更好的信任关系。企业之间的强联系侧重于网络中伙伴之间联系的频繁程度，学者们普遍认为，密集的网络联系可以使信息在企业之间进行良好的传递，从而有利于企业创新绩效的提高。企业间的弱关系的优势在于能够获取到非冗余的信息，从而促进企业创新绩效的提高。黄艳等（2017）在知识基础与网络嵌入理论的基础上，研究关系强度、知识转移对创新绩效的影响，构建了其理论模型，结果显示，技术创新网中的网络关系强度正向影响企业间的隐性知识转移。技术创新网络中隐性知识转移在网络关系强度对企业创新绩效的影响过程中起中介作用。刘学元等（2016）研究了网络关系强度、企业吸收能力对创新绩效的影响作用，构建了三者关系的理论模型。结果显示，技术创新网络中的网络关系强度与企业的吸收能力都显著正向影响企业的创新绩效。网络关系强度部分地通过影响企业吸收能力对企业创新绩效起到影响。詹少文等（2020）研究结果显示，技术创新网络关系的强弱正向影响企业创新绩效。杨亮等（2020）指出，网络中企业的关系广度与关系强度对企业的创新绩效都存在显著的正向影作用，而且网络关系强度与网络关系广度相比，其对企业的创新绩效存在更直接的影响。

最后，网络结构与企业创新间的关系方面。已有文献主要从网络嵌入的角度研究网络结构开放性对企业创新的影响。这类研究主要从网络中的企业对信息的接触方面展开。其中，在网络结构开放性方面，已有文献存在两种相反的观点：结构洞丰富的稀疏结构更能促进网络中企业形成信息优势。一些学者认为，开放网络中，占据结构洞的企业得到的信息不具有冗余性（Kumar，2019）。另一些学者则认为，拥有多个三方关系紧密的网络结构更可能得到多样化信息（赵炎等，2016；Balachandran et al.，2018）。魏龙等（2017）研究了知识基与创新网络闭合之间的互补优势，将网络闭合和知识基础的交互匹配，探讨了开放专业化、开放式多样化、封闭式专业化以及封闭式多样化四种网络结构组合对创新催化的差异性影响，研究得出，当组织嵌入在开放式专业化网络或者封闭式多样化网络中时，具有显著的创新催化作用。赵炎和邓心怡等（2020）的研究结果表明，企业网络闭合对其创新绩效具有倒“U”型的影响作用，同时，知识多样化将会弱化这种影响关系。

表 2－10 为技术创新网络与企业创新绩效关系相关文献分类汇总。

表 2－10　技术创新网络与企业创新绩效关系相关文献分类汇总

学者	研究视角	主要观点
伯特（1992）；查欣等（2012）；陈伟等（2011）；党兴华和常红锦（2013）；王永贵和刘菲（2019）；王建平和吴晓云（2020）	技术创新网络位置特征对企业创新绩效的影响	认为企业在创新网络中的中心性与结构洞将显著影响着企业的创新绩效

续表

学者	研究视角	主要观点
黄艳等（2017）；刘学元和丁雯婧等（2016）；詹绍文和王旭（2020）；杨靓和曾德明等（2020）	网络关系对企业创新绩效的影响	认为创新网络关系强度将显著影响企业的创新绩效
艾辛格尼奇（2010）；魏江和张妍等（2014），库马尔（2019）；托托里罗等（2015）；赵炎等（2016）；巴拉钱德朗等（2018）	网络结构对企业创新的影响	认为富有结构洞的稀疏结构或拥有许多共同第三方关系的密集网络结构都会对企业创新绩效起到重要的影响作用

（三）创投与创新交互作用的相关研究

关于创投与创新交互的研究，学者们主要从创投公司与企业二元交互和创投网络与技术创新网络交互两个方面展开。前者研究众多，后者处于刚刚起步阶段。

1. 创投公司与企业二元互动的相关研究

学者们对创投公司与企业的二元互动进行了大量的研究。相关研究从多个理论视角探讨了二者可能存在的关系，主要从以下三个方面展开研究。

（1）创业投资对企业创新的影响。学者们虽然对创业投资与企业创新的关系进行了大量的研究。但现有文献却始终无法在效果和方式方面就创投如何影响企业创新达成共识（谢雅萍和宋超俐，2017），学者们对创业投资是否有助于促进创新发展这一问题的结论大致分为三种观点。

首先，主流的研究结论认为，创投机构的介入能促进企业创新。如科尔图姆等（Kortum et al.，2000）认为，丰盈的资金来源有利于创投资源数量的提高，进而促进了企业的创新投入和程度。潘克等（Pahnke et al.，2015）从资源和制度两个视角证明了创投机构在投后管理阶段以资源输送与战略指导两种方式影响被投资的企业，从而间接提升企业创新水平与质量，并塑造其创新模式。国内多数学者也得出了类似的结论（陈鑫和陈德棉等，2021；李梦雅和严太华，2020）。

其次，有个别研究显示，在有些情形下创投机构的介入不但无法提升被投企业的创新绩效，反而会对企业的创新起到阻碍作用。潘克（Pahnke，2015）认为，如果创投机构同时投资了两个互为竞争对手的企业，这种以同一个创投机构为中介构成的竞争企业之间的间接联结可能会泄露企业的关键信息，从而导致企业创新被阻碍。乔明哲等（2017）则认为，公司创业投资数量与投资企业的技术创新绩效之间存在着显著的倒“U”型关系。贡帕斯和勒纳（Gompers & Lerner，2003）对美国20个制造业进行了研究，分析了相关数据，结果显示，繁荣期的创业投资积极影响企业技术创新的程度下降了15%。类似地，史塔克等（Stuck et al.，2005）的研究发现，虽然1996年之后美国创业投资市场正经历上升阶段，但企业的技术创新水平仍在大幅下降。

最后，还有部分学者认为，在国家和行业层面创投与技术创新并没有显著相关性，如阿瓦尼提等（Arvanitis et al.，2014）的研究发现，在企业成立如3年、6年和9年等早期阶段，获创业投资支持的企业与未获支持的企业相比，其创新绩效并未显著提高，也并未发挥持续的积极影响。夏清华和乐毅（2021）认为，创业投资尚未成为中国企业技术创新的决定性因素，创业投资对中国企业的技术创新同时具有促进效应和抑制效应。

（2）企业创新对创业投资的影响。随着研究的深入，学者逐渐对Innovation－first假设进行了证实，也就是说，技术创新对创业投资可能存在吸引作用这一反向因果关系（谢雅萍和宋超俐，2017）。有学者认为是企业作为企业质量的信号影响创业投资机构的发展。卡塞利等（Caselli et al.，2008）得出专利导致风险投资的结论。佩内德（Peneder，2010）的研究证实，风险投资更愿意投资给技术创新水平更高的企业。格罗尼科劳等（Geronikolaou et al.，2008）的研究结果显示，技术创新创造了对创业投资的需求，并不是创业投资产生了技术创新。类似地，孟韬等（2020）研究发现，“独角兽”企业显现出两大趋势，不断提升的估值水平和不断加速的估值增速；两大趋势背后，专利申请数以及创业融资是最根本的驱动因素。漆苏等（2020）的研究发现，企业在吸引风险投资时，新创企业的专利数量会提升企业的价值评估。

（3）创业投资与企业创新的相互作用。与实践界创业投资与创新之间密切关系的实例相符合，相关研究对创投与技术创新之间存在相互影响作用进行了肯定。在实证研究中，切马努尔等（Chemmanur et al.，2016）的研究结果表明，企业在获风险投资之后会表现出更多的全要素生产率（TFP）增长。广川等（Hirukawa et al.，2011）认为，风险投资促进创新的观点是片面的，因为存在一种可能性，即创新导致了风险投资这样的反向因果关系，也就是说，不仅风险投资促进技术创新，企业拥有的技术创新能力同样吸引了风险投资。

表 2－11 为创投公司与企业二元互动的相关文献分类汇总。

表 2－11 创投公司与企业二元互动的相关文献分类汇总

创投公司与企业二元互动	学者	主要观点
创投机构投资对企业创新的影响	科尔图姆等；潘克等	创投机构的介入能促进企业创新
	潘克；贡帕斯和勒纳；史塔克等	在有些情形下创投机构的介入不但无法提升被投企业的创新绩效，反而会对企业的创新起到阻碍作用
	阿瓦尼提等	在国家和行业层面创投与技术创新并没有显著相关性
企业创新对创投机构投资的影响	卡塞利等；格罗尼科劳等；孟韬等；漆苏等	企业作为企业质量的信号影响创投机构的发展
创投机构投资与企业创新的相互作用	切马努尔等；广川等	创投与技术创新之间存在相互作用

2. 创投网络与技术创新网络互动的相关研究

近年来，学者们开始从网络层面关注创投网络与企业技术创新网络的互动关系，重点关注创业投资机构的网络位置特征对企业未来关系建立的影响。这方面的研究主要包括创投网络对企业（或创新网络）的影响、企业对创投网络（或创投公司）的影响以及双网络之间的影响关系。

（1）创投网络对企业创新的影响。有关创投网络对企业创新影响的文献中，大多数学者持有创投网络能够有效促进被投企业创新绩效提高的观点。目前众多相关文献中，学者们重点关注创投网络关系与网络位置两个方面对被投企业创新绩效的影响。首先，创投网络关系与被投企业创新绩效方面。霍奇伯格（Hochberg，2007）等的研究发现，创投网络位置与权力会对创业投资公司间的关系质量产生重要的影响，创业投资公司在网络中的位置越高，其权力就越大，就越可能构建出高质量的以它为核心的网络关系，从而能够更好地促进被投企业的发展。林赛（Lindsey，2008）的研究表明，外部环境也会影响创投网络的关系质量，与诸如科研院所与律师事务所等中介机构具有密切关系的创投公司，其所处的网络质量也能够得到提升，从而能够更好地提供给被投企业高质量的增值服务，有利于被投企业的成长。王育晓等（2018）指出，强关系网络中的投资机构间更容易形成知识共享与传递机制，有利于实现信息的传递与资源的配置利用，从而影响企业绩效。刘刚等（2018）的研究结果表明，与独立投资相比，联合投资更可能使企业创新绩效得到提高，联合投资机构的数量与企业创新绩效之间存在倒“U”型关系。胡留芬等（2018）的研究结果指出，联合投资网络中的关系强度能够使投资公司间的信任水平得到提高，使投资公司之间关系密切，相互信赖，从而能使信息与资源得到有效的共享，在投资过程中所耗费的监管成本得到降低，提供给被投企业的支持得以增加，有利于被投企业的发展壮大。何思新等（2020）的研究指出，企业的创新绩效会随着其获取并利用网络内资源能力的增强而提高。

其次，创投网络位置与企业创新绩效方面。胡志颖等（2014）的研究指出，当创业投资公司在其所处的创投网络中处于主导地位时，可以在被投资企业的增长和创新投资中发挥更积极的作用。戚湧等（2016）对创投网络中投资公司的网络位置属性如何影响被投企业创新绩效进行了研究。结果显示，被投企业的创新绩效会随着特征向量的中心性与权力的增大而提高。曹艺苹（2016）对创投网络位置（中心性与结构洞的局限性）和网络密度如何影响创新效率进行了研究。研究结果显示，创投网络的中心性、结构洞显著相关于被投企业的创新效率，可以对被投资企业的创新效率的提高起到有效的促进作用。特瓦尔等（Ter Wal et al.，2016）指出，当创业投资公司处于开放的专业化自中心网络或者封闭的多元化自中心网络时，被其投资的企业最有可能成功生存。严子淳和刘刚等（2018）从社会嵌入理论的角度，建立起风险资本家在其所处的社会网络中的中心性如何影响被投企业创新绩效的理论模型，通过实证研究得出，风险资本家在其所处的社会网络中的中心性对被投企业的创新绩效具有显著的提升作用。董建卫等（2019）的研究结果表明，嵌入于联合投资网络中心（或结构洞位置）的创业投资基金更能够使被投企业的创新得到提升。徐岩等（2020）的研究发现，企业的创新能力会随着创业投资公司在其网络中的中心度的提高而提高。孙等（Sun et al.，2020）的研究结果表明，当创业投资机构拥有高声誉与高网络资本时，在促进被投企业创新绩效方面，能够发挥更重要的作用。

（2）企业创新对创投网络的影响。学者们主要关注创新绩效对创投机构联合投资和创投机构声誉的影响。首先，企业创新绩效对创投公司联合投资的影响方面。已有大多数研究指出，拥有更高创新绩效的企业更可能吸引到创业投资。如莱德赫尔等（Rydehell et al.，2018）指出，创新绩效提升了被投企业通过专业网络服务（如创投机构）获得外部融资的能力。亚力克西等（Alexy et al.，2012）指出，风险投资人社交网络的结构和关系方面都为风险投资人提供了有关当前投资对象的信息的良好访问方式，并为他们提供了在未来利用它们的机会，从而提高了他们投资这些公司的意愿。霍尼希等（Hoenig et al.，2015）的实证研究发现，专利、联盟和团队的经验能够作为一种不可观察的信号来反映企业所拥有的技术质量。企业所发明的专利会影响风险资本家在其产权功能方面的决策。其次，企业创新绩效对创投机构声誉的影响方面。许（Hsu，2004）指出，与质量较低的企业进行创新合作可能会使风险投资企业的声誉遭到破坏。李等（Lee et al.，2011）认为，风险投资企业的声誉来自现有的投资和以往投资的成功案例。埃尔图格等（Ertug et al.，2013）指出，声誉产生于过去的行为。卡武桑等（Kavusan et al.，2019）的研究表明，当业绩低于期望时，公司将会和伙伴公司合作，组成联盟，但限于现有的联盟投资组合的资源范围内。反之，当公司业绩超越期望时，将会和现有的合作伙伴组建新的联盟关系，但是将会在现有联盟投资组合的资源范围之外。

（3）创投网络与技术创新网络关系的相关研究。有关创投网络与技术创新网络的研究中，现有文献重点关注创投网络中的网络关系与网络位置特征如何影响技术创新网络。

①创投网络关系与技术创新网络。林赛等（Lindsey et al.，2008）的研究表明，创业投资公司能够为被投企业提供所需要的社会网络关系与信息方面的优势，可以促使被投企业构建战略联盟。弗兰德（Vrande，2013）的研究指出，在早期阶段的 CVC 产生的投资关系将会影响被投企业形成战略联盟。康（Kang，2015）指出，当初创企业从 IVC 获取融资时，更偏向于使其市场价值得到增加，当从 CVC 获取融资时，更偏向于使其产业网络扩大。张（Zhang，2017）的研究结果显示，创业投资公司在创投网络中的关系嵌入性使其中间人角色作用得到提升，从而使两个间接关联企业更可能产生联结。

②创投网络位置与技术创新网络方面。夏恩等（Shane et al.，2002）的研究显示，创业投资公司可以利用其在网络中所拥有的资源和关系对被投企业提供帮助，通过创业投资公司的帮助，被投资企业能够建立起自己的社交网络关系，而且在创投网络中具有更好资源优势的创业投资公司也将为被投企业提供更好的帮助，使被投企业构建更好的社交网络，从而有

利于被投资企业的发展。韦伯（Weber，2009）的研究结果显示，在创投网络中位于结构洞位置的创业投资公司更能够使网络中的知识与信息在组织间进行转移和创新，这将有利于被投企业突破本身的经营边界，从而更可能与同一创业投资公司合作的其他被投企业结成合作关系，乃至构建战略联盟。奥兹梅尔等（Ozmel et al.，2013）研究了美国创业投资公司对生物产业的跨期影响，研究结果显示，在战略联盟形成过程中，网络位置拥有的信号发送功能能够使存在的逆向选择问题得到缓解，知名企业更愿意与被高网络中心性创业投资公司所投资的企业结成研发联盟。加洛韦等（Galloway et al.，2017）指出，被占据高创投网络位置的创业投资公司所投资的企业更可能与其他企业结成联盟。布莱文斯等（Blevins et al.，2018）的研究指出，由知名风险投资公司支持的企业更有可能形成联盟。严子春等（2018）的研究结果表明，拥有相对完善的社交网络基础与在社交网络中占据更高中心性的企业风险投资家对企业形成自身的社交网络与占据较高的社会网络地位具有重要的帮助作用，这种帮助有利于企业社会嵌入能力的提高，有利于企业能够更好地提升其所在网络中潜在合作伙伴的合作意愿与合作效率，从而使企业的创新能力与创新绩效得以提高。

已有研究对创投公司与企业的二元关系进行了大量的研究，主要围绕二者的因果关系展开研究，少量研究从网络层面研究创投网络对企业技术创新网络的影响作用，但仅限于创投公司网络特征对企业关系建立的影响。

表2-12为创投网络与技术创新网络互动相关文献分类汇总。

表2-12　创投网络与技术创新网络互动相关文献分类汇总

创投网络与技术创新网络互动	学者	主要观点
创投网络对企业创新的影响	霍奇伯格等（2007）；林赛（2008）；王育晓和张晨（2018）；刘刚和梁晗等（2018）；何思歆和罗鄂湘（2020）	创投网络关系对企业创新绩效具有重要的影响作用
	胡志颖和丁园园等（2014）；戚湧和陈尚（2016）；曹艺苹（2016）；特瓦尔等（2016）；严子淳和刘刚等（2018）；董建卫和施国平等（2019）；徐研和刘迪（2020）；孙等（2020）	创投公司在其所在的网络中的位置对企业创新绩效起到非常重要的影响作用

续表

创投网络与技术创新网络互动	学者	主要观点
企业创新对创投网络的影响	莱德赫尔等（2018）；亚力克西等（2012）；霍尼希等（2015）；许（2004）；李等（2011）；埃尔图格等（2013）；卡武桑等（2019）	较高的企业创新绩效更可能吸引到创业投资，从而影响被投公司所在的创投网络。 企业创新绩效会影响创投公司的声誉，从而影响创投网络
创投网络与技术创新网络关系	林赛等（2008）；弗兰德等（2013）；康（2015）；张等（2017）	创投网络关系会影响技术创新网络形成
	夏恩等（2002）；韦伯（2009）；奥兹梅尔等（2013）；加洛韦等（2017）；布莱文斯等（2018）；严子淳和刘刚等（2018）	创投网络位置影响技术创新网络形成

三、国内外研究述评

通过以上的文献梳理能够看出，已有文献已经在本书所涉及的相关领域展开了各个方面的深入研究，这为本书的研究思路与研究方案设计提供了丰富的借鉴材料，但还存在以下不足。

（一）创投网络研究方面

现有研究主要从整体网络层面关注创投公司在创投网络中结构特征的前因和后果变量，只有极少数研究关注自中心网络结构的影响。然而，在联合投资过程中，创投公司同时内嵌于整体网络和自中心网络，不仅受整体网络结构的影响，更会受到自中心网络的影响，因此，有必要同时从自中心和整体网络两个层面研究创投网络对创投公司的多重影响。

（二）技术创新网络研究方面

现有从结构嵌入和资源基础观视角的研究仅从成员对信息的接触或理解单一视角展开研究。而在企业创新过程中，企业不仅需要接触到有益信息，更需要有效理解信息，因此，有必要同时考虑网络结构开放性与知识多样化，将成员的理解能力内化于网络结构，以完全理解成员如何获得并有效理解多样化信息。

（三）创投与创新的互动方面

现有大量研究已经证实了创投公司与企业之间存在互动关系，并有少量研究从网络层面关注到创投公司在创投网络中的结构特征对企业关系构建的作用，但仅限于创投网络对技术创新网络的单向影响，并未注意到创投网络与技术创新网络的相互作用。事实上，创投公司在促进企业创新水平提高的同时，也达到了其自身快速增值，这种个体互动关系必然会影响后期各自网络关系的构建。因此，这在客观实践层面提出了研究创投网络与企业技术创新网络双向影响的必要性。

（四）创投网络与技术创新网络互动方面

少数学者开始关注创投网络对技术创新网络的影响，但仅研究创投公司在创投网络中的结构特征对企业关系构建的作用，并未从结构视角研究创投网络与技术创新网络的互动关系。网络结构是决定网络中成员企业所拥有的资源与信息水平的关键因素，它对于网络中资源与信息的分布和流动起决定作用，因此需要基于结构视角研究创投网络与技术创新网络的关系，以深入理解二者之间的互动机理。

第三节 相关概念

一、创投网络

由于本书重点关注创投网络与企业技术创新网络的互动关系，因此创投网络采用狭义的定义，即创投网络是指两个或两个以上的创投公司共同投资于一家企业，从而形成的联合投资关系网络。创投公司通过这种网络形式为被投企业提供多种增值服务。

二、技术创新网络

由于本书重点关注企业之间结成的技术创新网络，因此本书采用张首魁（2006）等对技术创新网络的界定，即技术创新网络是为了实现产品或工艺创新以及其产业化的目标，众多企业与利益相关者基于知识共享，通过现代通信技术等方式组成的一种以松散耦合为特征的动态开放的、新型的技术创新合作组织。这些企业与利益相关者在产品开发、生产以及商业化的各个阶段，一起进行创新活动，以最终实现创新的开发与扩散。

三、创新绩效

在梳理现有文献时可以看出，学者们在对企业创新绩效进行界定时根据不同的研究情境给出不同的定义，现有研究主要存在两种观点：其中一种观点是用企业在创新活动中的诸如申请发明专利、新产品增加值等的创新产出值来衡量企业创新绩效；另一种观点则将企业创新绩效用企业在创新过程中的投入产出效率来测度。其中，采用专利数量测度企业创新绩效的观点，由于专利数据容易收集，因此在衡量持续、动态创新的过程时更为适用。基于此，本书在衡量企业创新绩效时利用了发明专利申请数。

四、网络封闭性

网络封闭性是指网络中成员之间联结的密集程度。依据特瓦尔（Ter Wal，2016）将网络结构分为两种：一种是开放的、富有结构洞的稀疏网络（Ahuja，2000；Gargiulo & Benassi，2000；Burt，2005）。开放网络被认为有助于形成获取异质信息优势（Burt，2004），因为从互不联结的各方，即通过结构洞获取的信息可能不具有冗余性。另一种是嵌入封闭的、密集的网络，被认为可以获取详尽的、深入的、更容易被解释的信息。在封闭的网络中，伙伴之间有许多共同的第三方联结，从而容易使它们对其互动关系产生信任和承诺，这种关系也容易产生信息冗余，从而需要更大的信息传输能力（Uzzi，1996；Reagans & McEvily，2003；Aral & Van Alstyne，2011）。

五、知识多样化

成员知识的多样化定义为网络成员在同知识领域的多样化程度（Ter Wal，2016）。在专业化网络中，成员关注相似知识领域，大部分信息流通往往属于那些领域。多样化网络具有不相似知识的专业化成员，这样可以提供对不熟悉的信息的访问。

第三章

创投网络结构对企业创新绩效的验证性研究

在已有的创投网络与企业创新关系的文献中，多数学者认为创投网络促进了企业创新绩效的提高。目前学者们主要从网络关系（Hochberg et al.，2007；Lindsey，2008；王育晓和张晨，2018；胡刘芬和周泽将，2018；何思歆和罗鄂湘，2020）和网络位置（胡志颖和丁园园等，2014；戚湧和陈尚，2016；曹艺苹，2016；徐研和刘迪，2020）两个角度来展开。网络结构决定着网络中资源与信息的分布和流动，是决定网络成员拥有资源与信息程度的关键因素，基于此，本章研究创投网络结构如何影响企业创新绩效。本章采用特瓦尔等（Ter Wal et al.，2016）的研究框架，从网络结构视角，利用中国创投公司与企业相关数据验证创投网络结构对企业创新绩效的影响作用，为后续分阶段研究奠定基础。

创新是维持一个国家经济持续增长与竞争优势的关键因素。党的十九大报告提出，“创新是引领发展的第一动力，是建设现代化经济体系的战略支撑”。中国在经济新常态背景下，坚持以实施创新驱动为发展战略，使各类创新主体的创新积极性与创造性得以激发，从而使鲜明的双创格局得以形成。创新的微观主体是企业，创新与创造需要企业这个生力军来推动，企业在推行创新型国家战略中担当重任。因此，社会各界越来越关注企业的创新能力。然而，企业仅依靠自身资源往往难以独立进行技术创新活动。在创新活动中，企业必须从外部获取所需资源，因此，许多企业实施了引进外部投资的战略。创业投资是企业的一种重要的融资形式，创业投资公司能够从自身的创投网络中得到丰富的网络信息与资源，这类来自外部的信息与资源在被投企业创新过程中发挥着重要的作用。基于此，我国对创业投资业的发展高度重视，以提高企业技术创新效果。

在中国，创业投资近年来发展迅速。许多创业投资公司以联合投资的方式投资于企业的现象越来越普遍。网络化创业投资特征日益明显。创业投资网络（简称“创投网络”）已经成为创业投资的一种重要组织形式。但是，与美国等发达国家相比，创业投资在中国的起步相对较晚。在某些地区虽然已经形成了相对成熟的创投网络，但是尚未在科技创新中对企业充分发挥其支撑作用，并未有效地提升企业的创新绩效。因此，在大力推动我国创业投资发展与技术创新的政策背景下，研究创业投资公司如何利用其在自身网络中的优势影响被投资企业，使被投企业的创新绩效得以提升，是一个亟待解决的问题。

创业投资公司之间的联合投资的行为越来越普遍，创投网络如何影响企业创新绩效逐渐引起了学者们的关注。在创投网络中，网络结构是影响网络成员对资源和信息拥有水平的关键因素，决定着网络中资源与信息的分布和流动。创投网络的形成能够促进信息和资源在网络内部的传播与流动，降低创投公司之间的交易成本，减少信息不确定性，实现网络内创新资源共享，为被投企业提供更多高质量的增值服务，提高企业的创新绩效。不同的网络结构将会使创业投资公司所得的资源与信息也有所差异，从而对企业创新绩效产生不同的影响。基于此，从网络结构视角研究创投网络如何影响企业创新绩效，对于企业创新能力的提高，我国创新驱动发展战略的实施，都具有重要理论价值与实践参考。

第一节　理论分析与研究假设

网络理论认为，网络封闭性和知识多样化对成员间信息传递和知识交换起到重要的影响作用。成员间互动不仅取决于所处的网络结构，而且受成员知识多样化的影响（周钟和陈智高，2015；赵健宇，2016）。特瓦尔等（Ter Wal et al.，2016）同时考虑网络封闭性和成员知识的多样化，将成员的理解能力作为网络内在结构或组成，研究网络封闭性与知识多样化协同组合配置对成员间互动的影响。研究结果认为，网络成员对信息最有效的理解和获取来自两种原型网络结构。

首先，在不同网络成员间有多个共同第三方关系为特点的封闭—多样化网络，强调通过成员知识领域的异质性和共同第三方联结的互补效应

(Gavetti Warglien, 2015)。虽然封闭性嵌入关系对网络成员有消极影响，但是异质性知识能够帮助网络成员提高自身的认知优势，并提高成员间的知识共享水平。反之，封闭—专业化网络是具有较高的网络封闭性和较低的知识多样化配置而成的网络，相比于封闭—多样化网络，缺乏持续收集多样信息的能力，群体思维容易影响网络内的成员，从而固化了成员间的知识共享模式，导致网络内存在过度嵌入的问题。

其次，以成员之间拥有相似专业的稀疏结构为特点的开放—专业化网络，强调稀疏网络中的桥接联系与知识专业化的互补效应，重点关注伴随共同理解模式的相似知识领域（Brewer & Nakamura，1984），在没有第三方帮助下有助于成员理解新信息，从而有利于成员之间信息分享。与之相反，开放—多样化网络是低网络封闭性与高知识多样化网络配置，与开放—专业化网络相比，多样化知识与开放结构的组合过程中存在相互挤出的替代效应，网络成员之间由于低知识相似性，很难形成一个共同的认知模式，在成员理解信息中也没有第三方帮助，容易导致网络中存在信息过载的问题，不利于成员间知识的理解与获取。

因此，开放—专业化和封闭—多样化两种网络结构，由于来自信息网络结构维度的封闭性和来自成员知识相似性维度的信息易理解能力，为网络成员信息传递的高效性提供了条件。

本书采用特瓦尔等（Ter Wal et al.，2016）的研究框架，将成员的理解能力内化于网络结构，以成员对信息的接触和理解为研究主线，研究创投网络结构对企业技术创新的影响。

一、开放创投网络

开放创投网络中以低网络闭合和低知识多样化为特征的开放—专业化创投网络结构，这种网络结构是由开放性的创投网络结构和专业化的创投网络知识组合匹配而产生互补，开放—专业化创投网络中的成员创投公司不仅能够获取多样化信息，而且能够很好地理解多样化信息，从而能够给予被投企业高质量的增值服务，有利于被投企业的创新。

首先，开放—专业化创投网络中的成员创投公司可以为其所投资的企业提供信息方面的优势。处于开放—专业化创投网络结构洞位置的创投公司因为联结没有直接相联系的两个伙伴公司，从而得以从这种非冗余的联结中接触和获取到更多的异质性知识和信息（Guan，Zhang et al.，2015；Marco & Tortoriello，2014），这种位置优势不仅能使自身信息的多样化程度增加，而且还能够为其所投资的企业提供外部的信息资源方面的支持。与同质性资源相比，来自外部的多样化资源更能对企业内的创造性思维起到激发作用，从而有利于企业创新（Sytch & Tatarynowicz，2014）。结构洞位置的创投公司是其所投资企业接触并获得外部异质性信息的来源之一，创投公司不仅能够为其所投资企业提供资金方面的支持，而且还能够将其获得的异质性信息利用增值服务的方式传递给其所投资的企业，从而提供给被投企业创新所需的资源（董建卫和施国平等，2019；Bernstein et al.，2016），进而提高企业的创新产出。

其次，开放—专业化创投网络中的成员创投公司可以为其所投资的企业筛选高质量的资源。处于开放—专业化创投网络中的成员创投公司一般会长期致力于在某一个特定领域或行业投资，因此会积累此特定领域或行业深度的专业化信息和经验知识（王育晓和党兴华等，2015），由于开放—专业化网络中的成员创投公司接收到的信息与先验知识会产生冗余，这种冗余能够使创投公司识别与筛选新获信息的能力得到提高，同时能够使传递给其所投资企业信息的质量也得以提高。创投公司由于其处于创投网络结构洞位置，因此它可以得到来自不同伙伴的多样化信息，而其所拥有的专业化知识与经验能够使创投公司在大量的非冗余信息中专注于特定的领域或行业（石琳和党兴华等，2016），筛选与整合其最新获取到的信息，从而将这些信息转化为其所投资企业创新过程中需要的高质量资源，这样，创投公司能够更加有目的地为其所投资企业提供增值服务（王育晓和党兴华等，2015），从而提高被投企业的创新绩效。

而开放—多样化创投网络是具有低程度的网络闭合特性和高程度知识多样化特性组合而成的网络结构。开放—多样化创投网络中的成员创投公司由于其可以接触到多样化知识，因此能够为被投企业带来多样化资源，促进被投企业创新。但是，在与开放网络结构的配置中会具有相互挤出的替代效应（魏龙和党兴华，2017）。虽然异质性资源是企业创新的重要驱动力和创造性思维的重要来源，然而已有研究指出，异质性资源并非越多越好（Rotolo & Petruzzelli，2013；Dahlander & Frederiksen，2012）。太多的异质性资源可能使信息存在过载现象，从而导致企业在识别创新过程中所需要的核心资源时存在困难（董建卫和施国平等，2019），阻碍企业创新。

因此，在开放的创投网络中，开放—专业化创投网络中的成员创投公司可以提供给其所投资企业以高质量的信息，相反地，开放—多样化创投网络容易导致网络中的信息过载，因此，开放—专业化创投网络相较于开放—多样化创投网络具有信息优势，开放—专业化创投网络是开放式创投网络情境下的最优结构。基于此，本书提出以下假设。

H3－1：处于开放—专业化创投网络中的成员创投公司所投资的企业比处于开放—多样化创投网络中的成员创投公司所投资企业具有更好的创新绩效。

二、封闭创投网络

封闭网络中的封闭—多样化创投网络是高程度的网络闭合和高程度的知识多样化组合而成的创投网络结构，封闭的创投网络结构和多样化的知识组合匹配产生互补效应，封闭—多样化创投网络中的成员创投公司拥有获取并理解多样化信息的优势，这种优势可以为其所投资企业提供较高质量的增值服务，促进企业创新绩效的提高。

首先，封闭—多样化创投网络中的成员创投公司可以为其所投资的企业提供信息方面的优势。封闭—多样化创投网络中的成员创投公司由于在多个领域或行业进行投资，从而积累了有关其所投资的多领域或行业的知识，这不仅增加了创投公司自身的知识广度（王育晓和党兴华等，2015），还可以利用自身的信息和资源优势为被投企业提供增值服务（Bernstein & Giroud，2016）。创投公司的知识多样化为被投企业获取多样化信息和资源提供了渠道，创投公司所拥有的不同领域或行业的多样化信息有助于其所投资企业打破自身在知识领域方面的限制，从而激发被投企业的创造性思维，有利于其提高创新绩效。被投资企业能够获取到的信息和资源越丰富，其创新绩效就会越好。

其次，封闭—多样化创投网络中的成员创投公司可以为其所投资的企业筛选较高质量的信息。由于封闭—多样化创投网络中具有丰富的三方联结关系，创投公司由于存在这种共享的第三方关系，在理解来自不同领域的多样化信息时可能会更容易（Ter Wal et al.，2016），从而能够更精确地分辨、筛选和整合这些多样化信息，将这些信息快速和有效地传递给其所投资的企业，使被投企业获得其创新过程中所需要的、高质量的资源（徐研和刘迪，2020），提高了被投企业的创新能力和创新绩效。

封闭—专业化创投网络是高程度网络闭合和低程度知识多样化组合而成的创投网络结构。封闭—专业化创投网络中的成员创投公司所拥有的专业化知识虽然对于其所投资的企业创新具有一定的促进作用，但由于在与封闭式创投网络结构配置中会产生相互挤出的替代效应（魏龙和党兴华，2017）。紧密联系的创投网络成员有可能会受到群体思维的限制，导致过度的网络嵌入，因此，创投公司没办法从领域之外获取多样化的信息，从而限制了创投公司为其所投资的企业提供创新过程中所需要的高质量的创新资源。

基于上述分析，封闭创投网络中的封闭—多样化创投网络在获取和理解多样化信息方面具有优势，相反地，封闭—专业化创投网络却存在过度嵌入方面的缺陷，因此封闭—多样化创投网络相比封闭—专业化创投网络更具有优势，在封闭式情境下属于最优的网络结构组合。本书提出以下假设。

H3－2：处于封闭—多样化创投网络中的成员创投公司所投资的企业比处于封闭—专业化创投网络中的成员创投公司所投资企业具有更好的创新绩效。

根据上述理论分析构建本章的理论模型如图3－1所示。

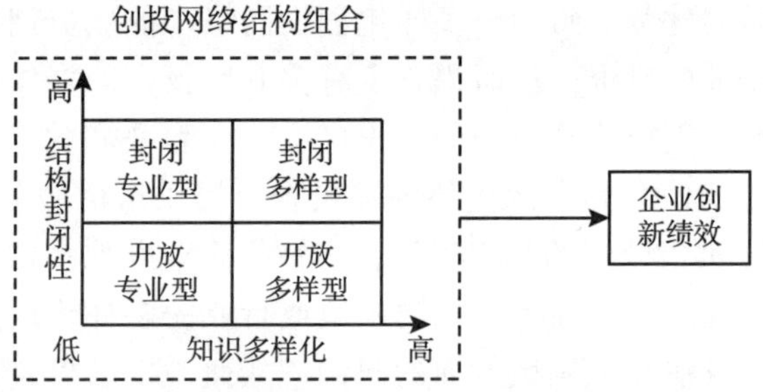

图3－1　创投网络结构对企业创新绩效的影响模型

第二节　研究设计

一、样本选择与数据收集

本书以2006～2015年电子信息产业的企业为研究样本来验证第一节提

出的理论假设。之所以选择电子信息产业企业，是因为其具有产业规模大、技术进步快等特征，是经济增长的重要引擎，更是我国国民经济的重要战略性产业。考虑到2006年以前组织间联合申请发明专利数量非常少，本书选择2006年作为起始时间。又因为专利的公开与授权时间滞后性比较长，2015年以后的数据存在比较严重的缺失性，本书选择2015年作为截止时间。《中华人民共和国专利法》规定，发明专利审批过程中需要经过受理、初审、公布、实审、授权五个阶段，一般情况下，自受理到公布需要18个月左右的时间，自实审到授权需要1年半~2年才能完成。在实际操作中，从专利申请到专利授权平均需要将近4年的时间，若利用近几年的专利数据，可能会存在一部分企业已经申请的专利没有得到公开或者授权，导致“截断问题”（陈思等，2017；Wadhwa et al.，2016）。基于此，本书选择2006~2015年电子信息产业的企业作为研究样本。

本书使用的数据主要分为两个方面：被投企业与创投公司的相关数据。其中，被投企业专利方面的数据来自国家重点产业专利信息服务平台，此平台提供了10个重点产业的专利信息查询服务。本书主要通过国家知识产权局专利检索以及服务系统中的重点产业专利信息服务两个平台，以市场化程度高和技术更新快的电子信息产业作为研究对象。

创投公司数据来自清科数据库，清科数据库涵盖了中国创业投资及私募股权投资领域的数据，是一个全面、精准和及时的专业数据库。由于本书的重点研究内容是创投网络，而当网络中某个关键节点缺失时，很可能会导致创投网络的结构和关系发生改变。袁方（1977）提出在研究社会网络时应尽可能从整个总体进行研究而不抽样。因此，本书从清科私募通数据库中选取2006年1月1日~2015年12月31日发生的所有投资事件，然后构建3年移动时间窗，利用所选取的投资公司作为本书研究的总体样本构建创投网络。

本书筛选2006~2015年时间窗内电子信息产业，同时被创投公司所支持的企业作为本书研究的样本，最终得到326家创业投资公司对160个企业1 256轮次的创投数据作为研究的最终样本。

二、创投网络的构建

本书以创投公司为创投网络结点，以创投公司之间的联合投资行为作为创投网络联结，以3年移动时间窗作为创投网络的边界构建创投公司之间的联合关系邻接矩阵。在邻接矩阵中，行与列代表创投公司，当任意两个创投公司i和创投公司j在时间窗内至少联合投资过一家企业时，记 $X_{ij}=1$ $(i\neq j)$，当创投公司i和创投公司j在时间窗内没有联合投资过任何企业则记 $X_{ij}=0$。

表3-1列出创投网络中时间窗与边界的确定、创投网络结点之间联结的定义和数据来源、网络构建和变量的测量方法。

表3-1　创投网络的构建与变量测量

项目	创投网络
时间窗的确定	2006~2015年构建3年移动时间窗
创投网络结点之间联结的定义	时间窗内发生一次联合投资的创投公司便视为产生一次网络联结
样本数据来源	清科数据库
创投网络的构建方法	用矩阵数据表示采集的创投机构联结数据；应用软件UCINET对构建的创投网络矩阵计算各种网络结构指标
相关变量的测量	网络封闭性与知识多样化

三、变量的测量

（一）因变量

企业创新绩效：本书利用企业的发明专利的申请数量来测度企业创新绩效。现有研究常用研发投入、新产品的销售量和专利数量等来测度企业创新绩效。但研发投入和新产品的销售量等数据目前只有上市公司才会强制披露，而创投公司所投资的企业大多数为还未上市的初创企业，获取这些初创企业的相关财务数据存在困难，相对来说，企业专利的披露源于国家知识产权局，因此数据相对容易获取而且具有权威性。《专利法》规定，专利有发明专利、实用新型专利和外观设计专利三种类型。其中，发明专利是针对产品与方法，或者其改进所提出的新技术方案，与实用新型专利与外观设计专利相比，其拥有更高的技术含量与创新价值。此外，发明专利不仅进行初步审查，而且还要进行实质审查，发明专利拥有 20 年的保护期，而实用新型专利与外观设计专利只拥有 10 年的保护期，还不进行实质审查，因而发明专利的含金量被认为比实用新型专利与外观设计专利更高。由于专利的申请量更可以反映企业的研发能力和活跃程度，因此，本书选择企业发明专利的申请量来测度企业的创新绩效。

（二）自变量

创投网络封闭性（VCNC）：该变量主要表征网络结构的开放程度与封闭程度，能够用焦点成员的网络密度衡量。本书借鉴特瓦尔等（Ter Wal et al.，2016）对创投网络封闭性的计算方法，利用成员创投公司之间的实际联结数和理论上的最大联结数的比值来计算，即：

$$VCNC_{i,t} = \frac{2L_{i,t}}{N_{i,t}(N_{i,t}-1)} \tag{3-1}$$

其中，$VCNC_{i,t}$为 t 年焦点成员创投公司 i 的个体网络闭合值，其取值范围为 0 ~ 1，该值越接近 1，表明创投网络封闭性越高；反之，创投网络开放性越高；$N_{i,t}$为 t 年焦点成员创投公司 i 在个体网络中的实际联结数；$L_{i,t}$为 t 年焦点成员创投公司 i 的个体网络中结点的数量，$\frac{N_{i,t}(N_{i,t}-1)}{2}$为其理论上的最大联结数。

创投网络知识多样化（VCKD）：该变量用来表征创投网络成员知识专业化与多样化的程度，借鉴王育晓等学者的研究，本书利用投资于不同行业占比的熵指数来衡量。其中，熵值的取值范围为 0 ~ lnN，熵值越接近 0，说明该投资公司所从事的投资活动越集中于同一个行业或同一个领域，其知识专业化水平越高；反之，熵值越接近 lnN，说明投资公司的知识资源平均分布于各个行业或领域，知识多样化水平越高，即：

$$VCKD_{i,t} = \sum_{n=1}^{N} P_{i,n,t} \ln \frac{1}{P_{i,n,t}} \tag{3-2}$$

其中，$VCKD_{i,t}$表示 t 年焦点机构 i 的知识多样化；n 为投资的行业类型；$P_{i,n,t}$表示 t 年投资机构 i 投资于行业 n 的百分比；N 为行业总数。

（三）控制变量

由于本部分的研究内容是创投网络结构对企业创新绩效的影响，因此在选择控制变量时既要考虑创投公司的相关因素，也要考虑到企业的相关因素。考虑数据的可获得性和参照现有的研究成果，本书选择 4 个控制变量，创投网络的影响因素选择创投公司从业时间和联合创投规模，企业的影响因素选择企业年龄和个体网络规模。

（1）企业年龄（Age），表征企业资历与经验，企业成立的年限越长，知识的储备就越多，这就有可能会影响企业的创新绩效，用“t－企业的成立年份”代表企业年龄。

（2）个体网络规模（Size），表征焦点企业能够接触的网络资源的丰富水平，网络资源的丰富程度对企业创新绩效会产生影响，本书采用时间窗内焦点企业个体网络中的企业结点的数量来衡量。

（3）创投公司从业时间（VC_age），表征创投公司的资历与经验，创投公司的资历与经验会影响为被投企业提供服务的质量，从而影响被投企业的创新绩效，用“t－创投公司成立年份”代表创投公司从业时间。

（4）创投网络规模（VC_size），表征企业吸引创投公司的能力，用焦点创投公司个体网络所含创投公司的数量表示，创投网络规模会影响被投企业接触资源的丰富程度，因此可能会对企业创新绩效产生影响。

第三节 实证分析与假设检验

一、变量描述性与相关性分析

（一）描述性统计分析

对样本数据利用 Stata 软件进行描述性统计分析，分析结果如表 3－2 所示。根据样本的统计分析结果可以看出，专利申请数量的波动比较大，其最大值和最小值分别为 15 825 和 1，而平均值只有 214.7，这就表明样本中专利数量的值大多数偏小，只有少数样本的专利数量值很大，这表明技术创新网络中成员企业的规模与创新能力存在很大的差异，因而本书采用截尾的做法，剔除掉一部分异常值，最终得到与企业创新绩效相关的样本一共 1 243 个。类似地，创投公司的从业年限与创投公司个体网络的最大规模值与最小规模值相差较大，从平均值的分布来看，主要分布在比较小的数值区间范围内。创投网络密度的平均值和方差分别为 0. 478 和 0. 319。

表 3 – 2 描述性统计

变量	样本数	平均值	标准差	最小值	最大值
Patent	1 256	214. 7	1 382	1	15 825
VCNC	1 256	0. 478	0. 319	0. 0525	1
VCKD	1 256	1. 702	0. 673	0. 0397	2. 866
VC_age	1 256	10. 23	11. 17	1	144
VC_size	1 256	21. 12	28. 87	1	415
Age	1 256	11. 01	5. 638	1	37
Size	1 256	2. 481	1. 105	1	12

（二）相关分析

在多元回归分析之前本书首先通过对变量之间的相关性进行检验，以初步了解和判断变量之间的关系。Pearson 相关系数分析法主要分析所有相关变量之间的两两相关性，得到相关系数矩阵，以此确定相关变量之间的关系。因此，本书采用 Pearson 相关分析方法对提到的相关变量进行相关性分析，分析结果如表 3 – 3 所示。根据表 3 – 3 中的结果能够看出，本书所涉及变量间的相关系数的绝对值都低于 0. 7，这就表明回归模型中，相关变量之间不具有明显的多重共线性。但是，变量之间的相关系数仅仅简单分析了变量间的相关关系，要对本书中所提出的假设进行科学准确的验证还需要采用多元回归分析方法研究所构建的模型。

表 3 – 3 相关性分析

变量	(1)	(2)	(3)	(4)	(5)	(6)	(7)
Patent	1						
VCNC	–0. 019	1					
VCKD	0. 053 *	–0. 618 ***	1				

续表

变量	(1)	(2)	(3)	(4)	(5)	(6)	(7)
VC_age	0.031	0.025	0.016	1			
VC_size	0.010	-0.506***	0.426***	0.021	1		
Age	0.083***	0.020	0.001	-0.007	-0.053*	1	
Size	0.410***	0.054*	-0.025	0.057**	-0.009	0.088***	1

注：*表示 $p<0.1$，**表示 $p<0.05$，***表示 $p<0.01$。

二、假设检验

本书通过实证分析法构建回归模型，以此对所提出的假设进行检验。由于作为被解释变量的企业申请专利数据属于离散变量计数型数据，最小二乘法回归无法准确地估计模型中的参数，类似地，本书中的因变量并不是0～1变量，不适合使用Probit或Logit模型进行回归，泊松回归与负二项回归可以用来研究计数变量，因此本书能够采用这两种进行建模分析。但是泊松回归模型中，被解释变量的分布不可以过度离散（均值等于方差），从表3-2中可以看出，企业专利申请数量的方差元远比均值大，数据过度离散，因此不适合采用泊松回归建立模型。而负二项回归模型没有对数据离散做要求，因而本书中的实证分析采用负二项回归模型。本书使用多元分层回归方法来检验假设，该方法在组织和管理文献中被广泛地应用。本书共构建了5个子模型，表3-4列出的是回归结果。模型1中仅包含控制变量，可以看出，控制变量创投公司从业时间、企业个体网络规模和企业年龄都对企业创新绩效存在显著的正向作用。模型2中，在模型1的基础上引入自变量知识多样化与创投网络封闭性，分析结果显示，知识多样化与创投网络封闭性两个变量都显著正向影响企业创新绩效。模型3中，在模型2的基础上加入创投网络封闭性和知识多样化两个变量的交互项，交互项与企业创新绩效存在显著的正相关关系（$\beta=1.169$，$p<0.01$），表明创投网络封闭性和知识多样化两个变量的交互作用正向影响企业创新绩效，该结果为假设H3-1与假设H3-2提供了支持。但是，单纯的交互项与企业创新绩效的显著关系并不能判断组织在选择和培育网络时在网络封闭性与知识多样化方面的偏好，因此，需要对网络开放、网络封闭与知识专业化、知识

多样化的二元组合进行进一步的分析。为了厘清网络封闭性和知识多样化二者之间的交互作用，并进一步厘清不同的网络结构组合与企业创新绩效之间的关系，本书借鉴学者瓦尔（Wal，2016）等对开放与封闭网络的划分方法，依据网络封闭性的均值对样本进行分割，当网络封闭性低于均值时为开放网络（见模型4），高于或等于均值时为封闭网络（见模型5）。从模型4的结果可以看出，在开放创投网络中，知识多样化与企业创新绩效存在显著的负相关关系（$\beta = -0.324$，$p<0.01$），表明在开放创投网络情境下，当创投公司嵌入专业化创投网络时更有利于被投企业创新绩效的提高，因此假设H3－1得到验证。类似地，由模型5可以看出，在封闭创投网络情境中，创投网络知识多样化与企业创新绩效存在显著的正相关关系（$\beta = 0.601$，$p<0.01$），表明在封闭创投网络情境下，当创投公司嵌入多样化网络中时更有利于促进被投企业创新绩效，假设H3－2得到验证。

表3－4　　创投网络对企业创新绩效回归分析

项目	模型1	模型2	模型3	模型4	模型5
VC_age	0.015*** (4.06)	0.015*** (3.55)	0.013*** (3.10)	0.012 (1.58)	0.015*** (2.88)
VC_size	−0.002 (−1.47)	0.001 (0.65)	0.003 (1.14)	−0.002 (−1.00)	0.006 (1.18)
Age	0.025*** (3.04)	0.027*** (3.21)	0.034*** (3.94)	0.031*** (3.02)	0.038*** (2.73)
Size	0.493*** (10.59)	0.520*** (11.24)	0.514*** (11.44)	0.639*** (9.42)	0.405*** (6.73)
VCNC		1.020*** (6.78)	−0.891** (−2.53)		
VCKD		0.166** (2.23)	−0.431*** (−3.36)	−0.324*** (−3.25)	0.601*** (4.86)
VCNC × VCKD			1.169*** (5.91)		
Constant	2.543*** (16.64)	1.562*** (6.93)	2.599*** (8.78)	2.605*** (9.54)	1.911*** (7.07)
N	1243	1243	1243	729	514
Pseudo R^2	0.020	0.024	0.027	0.031	0.020

注：*表示 $p<0.1$，**表示 $p<0.05$，***表示 $p<0.01$。

第四节 结论与讨论

本节以2006～2015年电子信息产业中得到创投公司支持的企业为研究样本，从网络结构视角分析并实证验证创投网络封闭性和知识多样化的交互作用如何影响被投企业的创新绩效。本节的主要结论有：在开放的创投网络中，创投网络知识多样化显著负向影响企业创新绩效；在封闭创投网络中，知识多样化对企业创新绩效具有显著的正向作用。即在开放创投网络中，处于开放—专业化创投网络中的创投公司所投资的企业比处于开放—多样化创投网络中的创投公司所投资的企业的创新绩效更好。类似地，在封闭创投网络中，处于封闭—多样化创投网络中的创投公司所投资的企业比处于封闭—专业化创投网络中的创投公司所投资的企业的创新绩效更好。这与多数学者得出的结论相一致。

本节的研究结论有助于创投公司培育高效的创投网络。研究结论得出，嵌入在封闭—多样化网络或者开放—专业化网络中的创投公司有利于促进企业创新绩效的提高。通过对创投网络结构的分析，能够使创投公司更加明确自身所在的创投网络环境，这将帮助创投公司完善其所在的创投网络结构的组合策略，为创投公司构建有效的创投网络提供参考。

本节利用中国相关数据验证了创投网络与企业创新绩效的促进作用。然而，创投网络对被投企业创新绩效的具体作用过程现有研究并未深入研究，进一步地，企业创新绩效反过来如何影响创投公司关系构建及其所在网络结构鲜有研究涉及，远滞后于实践需求。基于此，后续章节将从分析创投公司与企业的二元互动过程出发，将研究拓展到网络层面，厘清创投网络与企业技术创新网络的互动阶段，并分阶段揭示创投网络与企业技术创新网络的互动机理。

第四章

创投网络结构与企业技术创新网络结构的互动阶段分析

本章从分析创投公司与企业的二元互动过程出发，将研究拓展到网络层面，通过分析创投公司关系网络对被投企业资源获取和创新网络关系构建的影响；并进一步分析被投企业创新网络对创新产出的影响；最后分析创新产出在后续阶段反过来对创投公司网络关系构建的影响作用，厘清创投网络与企业技术创新网络的互动阶段，为创投网络与技术创新网络关系研究奠定基础。本章以金沙江资本和晶能光电的互动为案例研究对象，研究了金沙江资本与晶能光电的互动过程，将创投网络与技术创新网络互动过程划分为三个阶段：分析金沙江资本利用其关系网络对晶能光电网络关系构建和资源获取的影响；进一步研究晶能光电利用其创新网络关系对其创新产出的影响作用；最后研究后续阶段晶能光电的创新产出对金沙江资本声誉的影响，最终影响金沙江资本网络关系的构建。

第一节 分析框架

现有有关创投公司与企业互动的文献数量众多，学者们对创投公司与企业的二元互动进行了大量的研究，主要从创投公司对企业的影响、企业对创投公司的影响、创投公司与企业的互动关系三个方面展开，大多数学者认为创业投资对企业创新具有促进作用（Ozmel et al.，2013；Vrand & Vanhaverbeke，2013），企业的专利产出又反过来作用于创投公司的业绩（Engel & Keilbach，2007；Casell et al.，2008）。有少数学者开始从网络层面关注创投网络对企业创新网络关系构建的作用（Ozmel，2013；Kan，2016），与此同时，多数有关创新对创投的影响研究已经达成了共识，认为创新能够对创业投资起到吸引作用，风险资本更青睐于创新型的企业，能够表示企业发展潜能的一个可比较的量化指标就是创新，企业将创新作为一种投资信号传递给风险资本，而风险资本拥有对企业的创新质量进行甄别的能力。但现有研究依然限于创投网络对技术创新网络的单向影响，尚未关注创投网络与企业技术创新网络的互动关系，远滞后于实践发展的需要。因此，亟须结合联合投资和创新合作关系特征，开展创投网络与技术创新网络相互影响方面的理论研究。

尽管相关学者已经解释了创投对创新以及反过来创新对创投的单向影响关系，但从网络层面对创投网络与技术创新网络是否以及如何相互作用，并没有进行研究。由此，在已有研究成果的基础上，结合数据库资料与现有的相关文献，通过分析以金沙江资本为核心的自中心创投网络与以晶能光电公司为核心的自中心技术创新网络互动过程，划分互动阶段，并针对每一阶段的知识多样化—结构封闭性网络结构变化进行剖析，确定两者互动的过程。

第二节 研究设计

一、研究方法

在现有研究的成果和研究内容基础上，本书利用探索性单案例研究方法。采用该种方法的原因如下：首先，案例研究一般适合于探索“如何”“过程”和“机理”等方面的研究问题，能够对现实现象背后的规律或理论进行提炼，从而有效地展示研究问题过程的整体性和动态性。该研究旨在研究创投网络与技术创新网络互动过程，即创投公司所在的创投网络如何影响被投企业所在技术创新网络结构，在此基础上，探索技术创新网络如何影响创新产出，之后，研究技术创新网络又如何反过来影响创投网络，这是一个连续动态的过程，因此采用案例研究更为合适（Yin，2010）。其次，选用单案例纵向研究能够从“过程”的视角（Eisenhardt，1989）厘清不同的行为主体互动机制产生的原因和过程。本书要探究创投网络与技术创新网络互动过程和阶段划分，并确定在这个过程中的影响因素，而这些内容现有的研究文献并没有涉及，因此本书选用探索性案例的研究方法（Eisenhardt，1989）。最后，采用纵向单案例研究可以比较方便地按照时间顺序复盘所发生的关键事件，并从逻辑上进行推理，从而辨识本书所关注的创投网络与技术创新网络互动阶段，提高案例研究的内部效度，从而达到构建理论的最终目标。

二、研究样本

案例研究方法的常见操作方法是选取典型的案例（Eisenhardt，1989）。另外，案例企业的选择标准是由研究所涉及的问题所决定的：首先，创投公司与所投资的企业存在多轮合作；其次，企业在其所在的行业内具有典型性和代表性；再次，企业的成立年限至少在 10 年；最后，创投公司具有稳定的创投网络，企业具有稳定的技术创新网络。因此，本书认为，以金沙江创投公司和晶能光电公司为案例研究对象是合适的，主要理由如下。

首先，金沙江是创业投资领域中具有影响力的基金品牌，该公司是由伍伸俊先生与林仁俊先生共同创建于 2004 年。2017 年，金沙江的合伙人拆分成为金沙江资本、金沙江联合资本和金沙江创投三个独立的团队，三个独立团队分别以独特的投资策略与资源面向市场和全世界。金沙江团队先后领衔投资了晶能光电、新大洋汽车、滴滴出行、金沙数字银行、Silevo 太阳能和容百科技，并且还尝试收购“飞利浦 LED”等项目。金沙江资本在北京、中国香港地区和美国等地均设有办公室。晶能光电于 2006 年成立，其技术依托为南昌大学教育部发光材料与器件教育部工程研究中心，是由金沙江创业投资牵头、联合多个国际顶尖级别的创业投资基金联合创建起来的高科技企业。晶能光电主要生产 LED 外延材料与芯片，该企业是在日本日亚、美国 CREE 之后的第三个具有原创知识产权的国际化和高水准的企业。因此，选取创投公司金沙江资本和企业晶能光电公司两个本土创投公司和企业作为案例研究对象，遵循了选择研究对象时的重要性和代表性的原则（Patton，1987）。

其次，案例研究方法对案例的选取与统计抽样的原则具有本质区别。

该方法的目的主要是丰富已有理论或填充已有理论的空白和不足，现有关于创投网络与技术创新网络互动过程与阶段并没有作出清晰的阐释。清科数据库显示，金沙江资本于2006年、2007年和2011年对晶能光电公司进行投资，为创投网络与技术创新网络互动过程与阶段提供了典型案例。本书以本土创投公司与被投企业作为研究对象，探究创投网络与技术创新网络互动过程与阶段，打开创投网络与技术创新网络互动过程的“黑箱”，也体现出本书遵循理论抽样的原则（Glaser et al.，2009）。

最后，金沙江创业投资基金专注于投资高新技术初创企业。金沙江创投联合Mayfield、永威投资、华登国际、橡树投资共同投资晶能光电（江西）有限公司等企业，形成稳定的创投网络。晶能光电建立与艾迪森、亿光、沛鑫等企业形成稳定的技术创新网络。

表4-1列出了金沙江资本对晶能光电公司投资状况。

表4-1　　金沙江资本对晶能光电公司投资状况

序号	发布日期	融资轮次	融资金额（万美元）	投资方
1	2011年3月11日	D轮	3 500	金沙江资本
2	2010年12月9日	C轮	5 550	金沙江资本
				凯欣资本
				IFC国际金融公司
3	2007年6月1日	B轮	4 000	Mayfield Fun
				金沙江资本
				凯鹏华盈中国
				永威投资
				凯旋创投
				Temasek淡马锡
4	2006年4月1日	A轮	1 000	Mayfield Fun
				金沙江资本
				永威投资

资料来源：根据爱企查网站整理。

三、数据收集

本书主要采取二手资料数据收集方法。二手资料一方面来自清科数据库和中国专利数据库的资料；另一方面主要包含案例企业的汇编材料、会议记录报道及宣传资料等公开信息，并结合文档分析，利用多种互联网检索工具进行公开信息检索，以深入了解创投网络与技术创新网络互动的全过程，通过多元化的数据来源保证资料的完整性和丰富性，最终达到提升研究信效度的目的（Yin，2002）。

第三节　案例分析

一、创投网络对技术创新网络的影响

技术创新网络被认为是促进企业快速成长的一个重要因素。金沙江创投进入晶能光电后，不仅提供了巨额资金，还极大地改变了企业的社会网络关系。即创投公司的加入促进了晶能光电与其他相关企业、研究机构、政府部门以及银行等金融部门的关系。

首先，金沙江创投拓展和促进了晶能光电的技术创新网络关系。金沙江创投公司通过和台湾工研院建立的密切联系，协助晶能光电和台湾工研院在多个环节进行合作，包括应用产品开发方面、产品的测试方面以及行业标准建设等方面，使晶能光电和台湾工研院建立起较为密切的合作伙伴关系。中国台湾地区是一个国际外延与芯片制造的聚集地，许多具有相当实力的上下游企业聚集于此。其中，台湾工研院中的技术研发与企业孵化为本产业的发展提供了重要的智力支持。金沙江创投围绕晶能光电在产业方面进行了整体布局，以晶能光电为龙头企业，在江西成立了金沙江产业园，并且把欧司朗、飞利浦和淡马锡等相关的国际大企业引入产业园内。在红光外延材料与芯片等上中游企业、下游封装及各类应用产品等多方面展开产业布局。金沙江创投于2008年、2009年、2010年分别对北京太时芯光科技公司进行投资。2010年，金沙江LED产业基金与大连三维传热共同合资，创办了大功率 LED 灯具散热企业——大连金三维科技有限公司。同年，与北极光风险投资基金与 IDG 资本三家公司对易美芯光进行 5 000 万美元的共同投资，三方共同造就高亮度发光二极管旗舰企业。这些企业贯穿 LED 产业链中的芯片、封装和照明应用等各个环节。促进了晶能光电技术创新网络合作关系的建立。其次，金沙江创投的共同投资者永威投资利用其拥有台湾地区背景地缘方面的优势促成了晶能光电和下游封装企业的合作。永威投资在台湾地区拥有广泛的关系网络。永威投资促成了晶能光电与台湾地区下游企业的积极联系，如帮助晶能光电与艾迪森、亿光、沛鑫等建立合作关系。最后，金沙江创投公司所在的网络加强了晶能光电与主管部门的联系。创投公司大多和国家科技部、发改委以及国家工信部等行业方面的主管部门保持着密切的联系，创投公司通过这些主管部门可以及时掌握有关产业方面的政策信息，从而能够充分应用政策方面的优势加快发展晶能光电。金沙江创投和凯旋创投同时跟北京与四川等国内的一部分地方政府拥有密切的关系，也能够支持晶能光电得到政府采购应用产品。

二、技术创新网络对企业创新产出的影响

金沙江创投公司建立起来的关系网络除了能够帮助晶能光电得到有用的信息外，还能够帮助晶能光电参与到全球价值链体系当中，从而为晶能光电进一步占据有利的价值链位置创造有利的条件。晶能光电要想成为拥有竞争力优势的世界级企业，就需要加入拥有强大实力的硅衬底氮化稼产业联盟，以作为其有力的“后盾”。因此，晶能光电利用金沙江创投布局的产业联盟，与上下游企业就近配套。晶能光电取得了专利申请方面的卓著成果。晶能光电在 2006 年公开发明了 10 项专利，2007 年增加到 18 项，到 2008 年，公开发明专利迅速提升到 52 项，2010 年则增加到 80 项。先后在 2008 年和 2009 年获得“中国 LED 技术创新奖”，2010 年全球清洁技术集团与英国卫报共同授予晶能光电“2010 年度全球清洁技术 100 强企业”的称号。

表 4－2 列出了晶能光电公司取得的成果。

表 4-2　晶能光电公司取得的成果

年份	专利	荣誉
2006	公开发明专利 10 项	
2007	公开发明专利 18 项	
2008	公开发明专利 52 项	中国 LED 技术创新奖
2009		中国 LED 技术创新奖
2010	公开发明专利 52 项	全球清洁技术集团与英国卫报共同授予“2010 年度全球清洁技术 100 强企业”称号
2012		硅大功率 LED 芯片量产被国际半导体联盟 ISA 评为 2012 年度新闻事件； 荣获国家工信部第十二届信息产业重大技术发明奖； 2010～2012 年被美国清洁能源机构评为全球清洁技术 100 强企业； 荣获中国 LED 创新产品和技术奖

资料来源：根据爱企查网站和晶能光电官方网站整理。

三、企业创新产出对创投网络的影响

晶能光电在第一轮融资完成之后，第二轮的融资进展得非常顺利。在第二轮融资过程中，不仅第一轮融资的三家创投公司继续追加投资，而且作为牵头投资商的新加坡淡马锡也对晶能光电进行投资，此外，凯鹏华盈对晶能光电也进行了跟投。晶能光电在第二轮融资完成之后，更是获得了江西省投资集团、中国远洋香港公司、东方富海创投、德国欧司朗公司和国家电网等多家投资公司的投资。其中，国家电网要求对晶能光电进行控股，同样地，德国的欧司朗公司也要求对晶能光电进行控股。以此为基础，在后续的股权融资过程中，晶能光电就能够具有更大的选择空间与主动权。2010 年，由国际金融公司（IFC）牵头的风险投资公司向晶能光电提供 5500 万美元的第三轮投资。到 2012 年，中国节能环保集团向晶能光电进行了大笔资金的投入。此外，香港的亚杰投资公司、海益得投资公司与金沙江基金公司也加入了本次的增资。金沙江基金高层领导指出，“世界顶级的投资公司对晶能光电的扩产进行增资，意味着国际资本对新兴节能环保产业的支持，也是中外投资公司对晶能光电所取成果的认可”。

通过以上的分析，可以归纳得出金沙江创投与晶能光电互动历程，如图 4－1 所示。

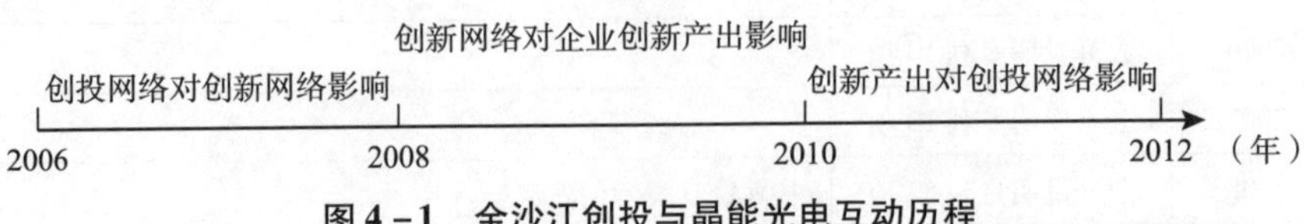

图 4－1　金沙江创投与晶能光电互动历程

通过文献梳理和案例分析，本书得出如图 4－2 所示的研究分析框架。

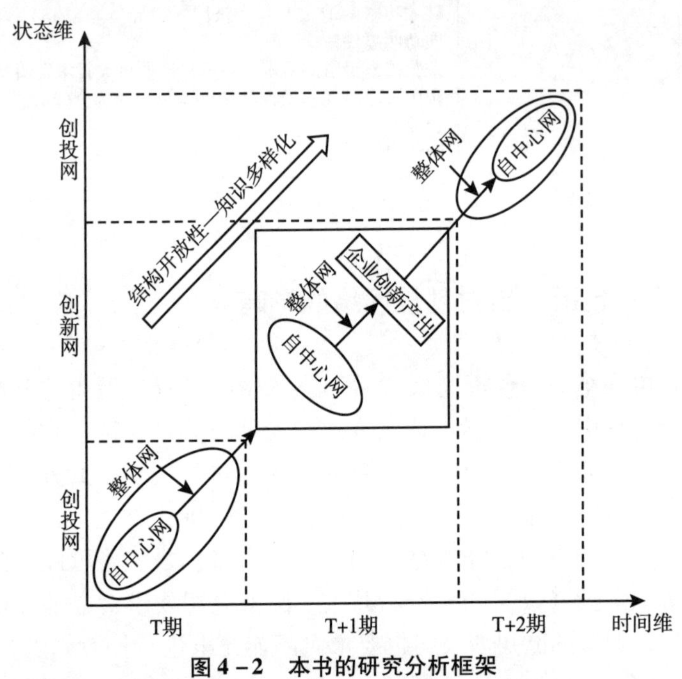

图 4－2　本书的研究分析框架

第四节　研究结论

本章首先以金沙江资本和被投企业晶能光电的互动为研究对象，分析金沙江资本通过自身所在的创投网络关系对晶能光电创新网络关系构建的影响作用；其次分析以晶能光电为核心的创新网络对其创新产出的影响；

最后分析晶能光电的创新产出通过吸引多家创投公司共同投资对金沙江资本创投网络关系构建的影响。在此基础上，将金沙资本创投网络与晶能光电所在的创新网络的互动过程划分为三个阶段：创投网络对创新网络的影响、创新网络对企业创新产出的影响以及创新产出对创投网络的影响。为后续章节分阶段研究奠定基础。

第五章

创投网络结构对企业技术创新网络结构的影响研究

本章通过分析创投网络中知识多样化与网络结构特征互动过程，对比网络封闭—专业化、封闭—多样化、开放—专业化和开放—多样化等不同创投网络配置在知识交换中的差别性作用，厘清不同创投网络配置在网络成员关系互动过程中的差异性作用；通过分析封闭—多样化创投网络结构的信息多样化优势和封闭网络共同第三方对关系质量和信息交换的影响，探索封闭—多样化创投网络结构对企业关系搜寻和关系建立的影响；通过分析开放—专业化创投网络结构异质资源优势和专业化知识易于理解优势，探索开放—专业化网络结构对企业创新机会搜寻和异质信息获取的影响，揭示创投网络结构对技术创新网络结构封闭性和知识相似性的作用规律；进一步结合创投公司与合作伙伴的关系互动特征，探索创投公司在不同网络位置情境下，创投网络结构对技术创新网络结构的影响差异，揭示创投网络中心性在创投网络结构对技术创新网络结构影响过程中的作用机理。完成T阶段的研究。

美国硅谷的发展说明创投网络对企业技术创新网络具有重要的支撑作用。然而，我国创业投资起步较晚，虽然在一些地区已经形成较成熟的创投网络，但还未能对企业创新合作关系的构建与维持，改善技术创新网络结构起到关键影响作用。因此，在我国自主创新能力还相对比较薄弱的背景下，如何使创业投资公司充分利用其在创投网络中的优势和资源促进企业创新合作，从而优化企业技术创新网络，提高企业创新产出成为亟须解决的问题。

自林赛（Lindsey，2008）进行了开创性的研究以来，学者们开始从网络层面关注创投网络对被投企业技术创新网络的作用，研究主要从两个方面展开：一方面，学者们关注创投公司在企业创新合作过程中的中间人作用。如林赛（Lindsey，2008）的开创性研究发现，战略联盟在由同一家创投公司资助的企业中更为普遍。但该研究并没有考虑创投公司之间先前联结的影响。布林斯特等（Brinster et al.，2021）对以上研究进行了拓展，认为不仅应该关注来自同一个投资公司的两家投资组合公司进行战略联盟的机会，而且应该关注通过先前的共同投资相互了解的两个不同的创投公司支持的企业更有可能结成联盟。该研究认为，共享共同网络的创业投资所支持的组合公司之间更可能结盟。波利多罗和杨（Yang，2021）认为，随着企业投资关系的形成，与能力和激励相关的考虑会导致初创公司将寻求创新的方向转向其企业合作伙伴的技术领域。另一方面，随着研究的深入，学者们从能力方面关注创投公司在企业创新合作过程中的作用。如奥兹梅尔（Ozmel，2013）等认为，在网络中地位较高的公司投资的企业更有机会在下一期与知名企业构建战略联盟。徐研等（2016）认为，获得声誉高的创投公司参股的上市公司更容易构建联盟网络，并且具有较高的网络中间中心度。特瓦尔等（Ter Wal et al.，2016）认为，拥有开放—专业化或封闭—多样化自中心网络的创投公司所投资的企业成功存活的可能性最大。布莱文斯等（Blevins et al.，2018）指出，被突出的创投公司所投资的企业结成联盟的可能性更大。刘刚等（2018）认为，具有较高的行业外声誉的创投公司能够为企业带来高质量的网络资源，促进被投企业形成战略联盟。严子淳等（2018）认为，创投公司较为完善的社会网络基础以及较高的网络中心性，不仅有利于企业获得更多的资源和信息，还有利于企业构建自己的社会网络，并提升自身的网络地位。孙等（Sun et al.，2019）认为，创投公司通过控制资源流动和选择偏差来在市场中扮演“生态系统工程师”的角色，发挥不同的作用，从而推动区域创新。

虽然学者们开始从中间人角色和能力两个视角研究创投网络对技术创新网络的作用，一方面，现有研究在创投网络如何影响企业技术创新网络的综合框架方面存在不足。中间人角色和能力作用在创投网络与企业技术创新网络关系中如何共同作用并不清晰。另一方面，现有研究仅限于创投网络结构对企业间关系构建的影响，但作为决定成员间知识与信息资源分布与流动，并最终决定成员知识拥有程度的技术创新网络结构特征如何受到创投网络结构的影响并未进一步探讨。因此，这些悬而未决的问题需要我们更深入地研究创投网络与技术创新网络之间的关系。

为了厘清创投网络结构特征对技术创新网络结构特征的影响，本书基于网络结构视角，从网络封闭性和知识多样化两个方面研究创投网络结构通过中间人角色和能力两种机制对企业技术创新网络结构的影响。

第一节 理论与假设

本章同样采用特瓦尔等（Ter Wal et al.，2016）的研究框架，将成员的理解能力内化于网络结构，以成员对信息的接触和理解为研究主线，从中间人角色和能力两种机制研究创投网络结构对企业技术创新网络结构的影响，并分析创投网络中心性在此过程中的调节作用。根据相关文献的回顾与理论梳理，构建模型如图 5－1 所示。

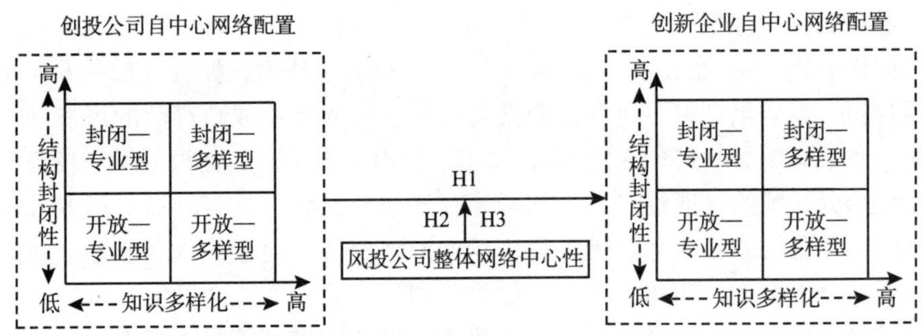

图 5－1 创投网络结构对企业技术创新网络结构的影响模型

一、开放创投网络的影响

创投网络为创投公司提供了共享投资机会的信息优势，不仅对创投公司自身具有影响作用，而且对被投企业也具有重要的影响作用（Hochberg，2007；Hallen，2008）。创投公司所在的创投网络是被投企业获取异质信息的一个重要来源（Hallen，2008）。而这些异质信息的质量依赖于投资公司对信息的理解能力和评估信息如何利用于企业专门行业的能力，这可能又依赖于创投公司所在的网络结构。

依据网络封闭性和知识多样化，开放网络可以划分为开放—专业化网络和开放—多样化网络两种网络结构。特瓦尔等（Ter Wal et al.，2016）的研究结果显示，开放—专业化网络比缺乏解释多样化信息共享模式和重叠先验知识的开放—多样化网络更有优势。因此，将重点探讨开放—专业化创投网络对被投企业技术创新网络结构的影响。

首先，开放—专业化网络中创投公司通过中间人机制影响被投企业技术创新网络。一方面，嵌入开放—专业化创投网络中的成员由于过去都投资相同的领域，因此拥有相似的专业知识。这些创投公司将在被投企业间起到中间人角色作用，有助于推动信息在相似领域的被投企业间的流动与传播，增加相似领域被投企业间的了解，从而提高这些被投企业联结的可能性（Zhang et al.，2017），最终使被投企业嵌入的技术创新网络也趋于知识专业化。另一方面，处于结构洞位置的创投公司对信息拥有近乎“垄断”的掌控，是否要在关系人之间传递和分享完全取决于创投公司的决定。创投公司会根据需要，利用其信息优势为企业提供合作伙伴信息，因此，创投公司对伙伴信息的这种掌控优势会传递给被投企业，从而使被投企业拥有更大的自由度选择合作伙伴，进而处于相应的结构洞位置。即嵌入开放—专业化网络中的创投公司通过中间人角色机制促进了所投资企业开放—专业化技术创新网络结构的形成。

其次，开放—专业化网络中创投公司通过能力机制影响被投企业技术创新网络。当创投公司处于开放—专业化网络时，一方面，由于创投公司拥有丰富的结构洞，可以从非冗余联结中获得多样化信息，从而丰富自身的异质性资源（Burt，2004）。而创投公司会将这些异质性资源传递给被投企业，使被投企业拥有高质量资源（Bernstein，2016），最终有利于被投企业与合作伙伴之间的信息交流。另一方面，开放—专业化网络结构提高了创投公司准确理解多样化信息的能力，有利于提高整合不同来源信息的能力（Wadhwa，2016），从而有利于创投公司自身投资绩效的提高，促进其声誉效应的进一步扩张。而这种高声誉会通过信号作用将所投资企业的高质量信号传递给其他企业，进而提高潜在合作伙伴与所投资企业的合作意愿，有利于企业形成多样化合作关系并提高与伙伴的交往频率，最终形成封闭—多样化网络。

通过以上分析可以提出以下假设。

H5 -1a：嵌入开放—专业化创投网络中的创投公司所投资的企业与嵌

入开放—多样化创投网络中的创投公司所投资的企业相比，更可能形成开放—专业化技术创新网络。

H5 - 1b：嵌入开放—专业型创投网络中的创投公司所投资的企业与嵌入开放—多样化创投网络中的创投公司所投资的企业相比，更可能形成封闭—多样化技术创新网络。

二、封闭创投网络的影响

依据网络封闭性和知识多样化，封闭网络可以划分为封闭—多样化网络和封闭—专业化网络。特瓦尔（Ter Wal，2016）等认为，当创投公司处于封闭—多样化网络时，由于其异质性的知识领域形成了多样化信息，同时由于其网络的封闭与密集性，使网络中存在大量共享的第三方，这种第三方关系可以很好地解释网络中的多样化信息（2016）。而封闭—专业化网络中的创投公司由于无法访问多样化信息而遭受过度嵌入。因此，封闭—多样化网络比封闭—专业化网络更具有优势。本书将从中间人机制和能力机制两个方面探讨封闭—多样化创投网络对被投企业技术创新网络结构的影响。

首先，封闭—多样化创投网络中创投公司通过中间人机制影响被投企业技术创新网络。创投公司所在创投网络的多样化是被投企业获取异质性知识的基础（Lungeanu & Zajac，2016）。处于封闭—多样化网络中的创投公司将所投资的多样化企业通过创投公司的单个或多重中间人作用彼此联系起来，从而扩大了多样化企业通过创投公司间接相互接触与了解其他企业的范围，间接降低了企业的交易成本，提高了这些企业进行合作的可能性（Lindsey，2008）。同时，封闭的创投网络通过中间人角色也增加了网络成员间的群体信任程度，加强了企业之间的交流，从而提高技术创新网络的封闭性（Zhang & Gupta，2017）。即嵌入封闭—多样化创投网络中的创投公司通过中间人机制促进了其所投资的企业封闭—多样化技术创新网络结构的形成。

其次，封闭—多样化创投网络中的创投公司通过能力机制影响被投企业技术创新网络。创投公司拥有封闭—多样化创投网络时，一方面，封闭—多样化创投网络中的创投公司除了与固定的投资伙伴进行定期的共同投资外，还参与其他组织的额外投资，因此创投公司拥有跨组织的多样化信息

(Tortoriello et al., 2015)。同时，封闭创投网络中存在大量的共同第三方关系，这种密集的网络结构更有利于多样化知识的获取（Tortoriello et al., 2015；赵炎等，2016）。因此，这种知识多样化优势和网络密集性有利于提高创投公司的投资绩效，从而提高创投公司在创投网络中的位置，并与许多其他创投公司维系着联结关系。这种位置优势与联结优势会以质量信号的形式传递给被投企业，从而扩大了被投企业的潜在合作伙伴范围，因此，被投企业拥有更大的自由度去选择伙伴，建立排他性桥型关系，从而提高被投企业占据结构洞位置的机会（Gnyawali & Madhavan，2001）。另一方面，企业与合作伙伴结点组织间相似的知识或技术背景能够使组织之间更容易对对方的知识进行理解与吸收，可以营造出良好的技术创新网络知识共享氛围，而且可以使知识交流和技术转移中存在的瓶颈问题得以突破，并使新知识在整合过程中存在的理解偏差得到有效降低（向希尧和裴云龙，2015）。因此，处于弱联结网络中的企业在选择合作伙伴时更倾向于选择拥有相似知识的企业，从而使技术创新网络趋于专业化。因此，本书提出以下假设。

H5-2a：嵌入封闭—多样化创投网络中的创投公司所投资的企业与嵌入封闭—专业化创投网络中的创投公司所投资的企业相比，更可能形成开放—专业化的技术创新网络。

H5-2b：嵌入封闭—多样化创投网络中的创投公司所投资的企业与嵌入封闭—专业化创投网络中的创投公司所投资的企业相比，更可能形成封闭—多样化的技术创新网络。

三、创投网络中心性的调节作用

创投网络中心度表征创投公司在网络中的联结关系、社会声望和凸显程度，高中心度表征了创投公司的核心地位，低中心度则表征了创投公司的边缘位置。中心位置使创投公司拥有大量的网络联系和知识流，但是中心度的作用对于四种网络配置存在显著差异。

首先，当创投公司处于创投网络中心位置时，利用其地位优势可以构建一核多元型的网络结构，同时可以利用其自身强大的资源储备，对其他的网络成员有足够的控制力，在网络成员之间有更充分的经验渗透能力以及资源融合能力，创投公司利用这种能力能够巩固成员企业之间的关系和网络的边界。此时，焦点创投公司更愿意维持当前稳定而有序的创投网络结构，阻碍新成员进入，其他公司更容易信任网络中心位置的公司并乐于与之建立联系，加强网络联结的密集性和封闭性。

其次，中心度高的创投公司在加强直接联系的同时，也促进其他伙伴间的交互（Sauder et al.，2012）。其他处于较低位置的创投公司可以通过处于中心位置公司的信息渠道实现在网络内部广泛地传递信息，快速提高自身在网络中的知名度，增进了处于低位置的公司与网络中潜在合作伙伴之间的相互了解，进而为处于低位置的公司构建并优化自身网络关系提供了更多机会。最终加强了合作伙伴之间的沟通与交流，促进了网络的封闭性。

基于以上分析，中心度高的创投公司加强了网络联结的密集性和封闭性，对最优网络配置产生如下作用。首先，使多样化伙伴间的联系更加频繁，加强了封闭—多样化网络的积极作用，促进了伙伴间知识的理解和信息的传递，从而强化了创投封闭—多样化网络的能力机制作用。其次，创投网络中心性使开放—专业化网络向封闭—专业化网络转换，造成创投公司的网络过度嵌入，从而使知识重叠严重，影响知识和信息的有效传递，使开放—专业化网络的能力作用机制难以持续。因此，本书提出以下假设。

H5-3a：高中心位置强化了嵌入封闭—多样化创投网络中创投公司的能力机制作用，更可能使其所投资的企业形成开放—专业化创新网络结构。

H5-3b：高中心位置弱化了嵌入开放—专业化创投网络中创投公司的能力机制作用，更可能使其所投资的企业形成开放—专业化创新网络结构。

第二节 研究设计

一、样本选择与数据收集

本章使用的主要数据分为三部分，分别是创投公司合作数据、企业创新合作数据以及企业基本财务数据。

（一）企业创新合作数据和网络构建

1. 数据的选取

为了验证第一节提出的理论假设，本节利用电子信息产业 2006～2015 年获得创投公司支持的企业作为本书的研究样本。之所以以电子信息产业企业为研究样本，是因为其除了具有产业规模大、技术进步快等特征外，还具有产业关联度强的特征，是经济增长的重要引擎，更是我国国民经济的重要战略性产业。考虑到 2006 年以前组织间联合申请发明专利数量非常少，本章选择 2006 年作为起始时间。又因为专利在公开和授权时间方面具有较长时间的滞后性，因此 2015 年以后的数据存在比较大缺失，本书选择 2015 年作为截止时间。《专利法》规定，发明专利审批过程中需要经过：受理、初审、公布、实审、授权五个阶段，一般情况下，自受理到公布需要 18 个月左右的时间，自实审到授权需要 1 年半～2 年才能完成。在实务中，从专利申请到专利授权需要将近 4 年的时间，若利用近几年的公开或授权的专利数据，会有一部分企业所申请的专利没有被公开或者授权，从而导致“截断问题”（陈思等，2017；Wadhwa et al.，2016）。基于以上分析，本节选择电子信息产业 2006～2015 年的企业作为研究样本。

本节的企业创新合作数据来源于国家重点产业专利信息服务平台，通过国家重点产业专利信息服务平台获取相关数据。因为专利数据的精细分类有利于观察企业的各方面属性，而且可以通过专利合作数据观察企业间的交互关系，因此本节利用电子信息产业企业联合申请发明专利数据来构建企业技术创新网络，相关数据的选择和处理如下：（1）下载在 2006 年 1 月 1 日～2015 年 12 月 31 日由两个或两个以上企业共同申请中国发明专利的文摘；（2）剔除国外与中国港澳台地区的专利文摘；（3）为了减少由于一部分企业的临时进入或退出影响技术创新网络，本节只保留不同年份在本行业中出现至少两次的企业；（4）构建时间窗。社会网络研究在构建时间窗时通常利用纵向设计方法，即用变量在过去某段时间内的表现作为该变量在当前时间段内的测度（Wang & Rodan，2014）。结合专利申请的周期，按照现有的研究惯例，本节选择 3 年构建移动时间窗，也就是用过去 3 年（t-3～t-1）的相关数据测量当前 t 的取值。如用 2006～2008 年的数据测量变量在 2009 年的取值。

2. 技术创新网络的构建

本节技术创新网络结点用创投公司所投资的企业表示，网络联结以企业间的联合申请专利事件表示，网络边界以3年移动时间窗表示，构建被投企业间合作关系的邻接关系矩阵。邻接矩阵中的行与列都表示被投企业，如果任意两个被投企业i和被投企业j至少联合申请过一项专利，则记 $X_{ij}=1(i\neq j)$，如果被投企业i和被投企业j没有申请过专利，则记 $X_{ij}=0$。

表5-1列出技术创新网络的时间窗、网络边界、结点之间联结的定义、网络构建的方法、数据来源以及测量变量。

表5-1　技术创新网络的构建与变量测量

项目	技术创新网络
时间窗确定	2006～2015年内企业相关数据构建3年移动时间窗
结点间联结的定义	在时间窗内有一项专利合作关系的企业视为产生了一次网络联结
数据来源	国家重点产业专利信息服务平台
网络构建方法	将采集的联结数据用邻接矩阵方式表示；采用UCINET软件邻接矩阵生成相关的网络结构指标
变量测量	网络封闭性、知识多样化

（二）创投公司合作数据和网络构建

1. 数据的选择

本节使用的创投公司合作数据来自CVSource数据库。该数据库是一个涵盖中国创投及私募股权投资领域最全面、精准、及时的专业数据库。数据的时间范围从2006年1月1日～2015年12月31日。目前学术界关于创投网络的概念界定主要有两种观点：一种观点是从创投公司之间横向联合投资的视角出发，认为创投网络是创投公司之间通过对企业进行联合投资而形成的社会关系网络（Vrande et al.，2013；Kang，2015）；另一种观点是从更为全面的包括横向纵向联合投资关系的视角出发，认为创投网络既包括联合投资关系中的创投公司，也包括其他利益相关者（Gulati et al.，2015）。本书的研究基于第一种创投网络的观点，因此创投公司作为研究对象必须具有联合投资的行为特征。构建社会网络时需明确网络结点、网络联结和网络边界三个方面，因此本节以创投公司为网络结点，以创投公司之间的联合投资关系为网络联结，以 3 年移动时间窗为网络边界。统计 2006 年 1 月 1 日 ~2015 年 12 月 31 日的联合投资事件，其中，发生一次联合投资的创投公司便视为产生一次网络联结，构建创投公司联合关系的邻接关系矩阵，生成相应的创投网络。

本书选取 2006 年 1 月 1 日 ~2015 年 12 月 31 日的数据，包括 326 家创投公司对 160 家企业 1256 轮次的投资数据作为最终的研究样本。

2. 创投网络的构建

本节创投网络结点用创投公司表示，网络联结以联合投资事件表示，网络边界以 3 年移动时间窗表示，构建创投公司间联合投资关系的邻接关系矩阵。邻接矩阵中的行与列都表示创投公司，如果任意两个创投公司 i 和创投公司 j 至少联合投资过一次，则记 $X_{ij}=1(i\neq j)$，如果创投公司 i 和创投公司 j 没有联合投资，则记 $X_{ij}=0$。

表 5－2 列出创投网络的时间窗、网络边界、结点之间联结的定义、网络构建的方法、数据来源以及测量变量。

表 5－2　　创投网络的构建与变量测量

项目	创投网络
时间窗确定	2006 ~2015 年内构建 3 年移动时间窗
结点间联结的定义	在时间窗内发生一次联合投资的创投公司便视为产生一次网络联结
数据来源	清科数据库
网络构建方法	将采集的联结数据用邻接矩阵方式表示；采用 UCINET 软件邻接矩阵生成相关的网络结构指标
变量测量	网络封闭性、知识多样化

二、变量测度

（一）因变量

技术创新网络封闭性：本节借鉴特瓦尔等（Ter Wal et al.，2016）的研究，用焦点企业的网络密度来测量网络封闭性。即运用合作成员间的实际联结数比理论上的最大联结数来计算，即：

$$INC_{i,t} = \frac{2L_{i,t}}{N_{i,t}(N_{i,t}-1)} \quad (5-1)$$

其中，$INC_{i,t}$为t年焦点企业i的网络封闭值，该变量最小取值为0，最大取值为1，越接近1说明技术创新网络的封闭性越高，相反则开放性越高；$L_{i,t}$表示t年焦点企业i在技术创新网络中的实际关系数；$N_{i,t}$为t年焦点企业i在自中心网络中结点的数量，且$\frac{N_{i,t}(N_{i,t}-1)}{2}$为理论上的最大关系数。

技术创新网络知识多样化：知识多样化用来衡量网络成员知识专业化和多样化，可以通过计算企业在不同技术知识领域的资源分配比率来表示。本书借鉴魏龙等（2017）的研究，应用不同类别专利数量占比的信息熵值测量，其取值的范围是0～lnn，越趋于0说明知识多样化程度越低，越趋于lnn说明知识多样化程度越高，即：

$$IKD_{i,t} = \sum_{n=1}^{N} P_{i,n,t} \ln \frac{1}{P_{i,n,t}} \quad (5-2)$$

其中，$IKD_{i,t}$表示t年焦点企业i的知识多样化；n表示专利分类的类别；$P_{i,n,t}$表示t年焦点企业i在专利分类n分类中发明的专利数与发明专利总数的比值；N表示专利类别的总数。

（二）自变量

创投网络封闭性：采用第三章对创投网络封闭性的测度方面，本节同样借鉴特瓦尔（Ter Wal，2016）的研究，应用成员创投公司间的实际关系数比理论上的最大关系数来计算网络封闭性，即：

$$VCNC_{i,t} = \frac{2L_{i,t}}{N_{i,t}(N_{i,t}-1)} \quad (5-3)$$

其中，$VCNC_{i,t}$为t年焦点创投公司i的网络封闭值，其最小值为0，最大值为1，越接近1表明创投网络的封闭性越高，越趋于0说明封闭性越低；$L_{i,t}$为t年焦点创投公司i在网络中的实际关系数；$N_{i,t}$为t年焦点创投公司i的自中心网络中结点的数量，且$\frac{N_{i,t}(N_{i,t}-1)}{2}$为理论上的最大联结数。

创投网络知识多样化：同样采用第三章的测度方法，利用投资于不同行业占比的熵指数计算。其最小值为0，最大值为lnn，越趋近于0表明此创投公司的投资活动越集中于同一行业或领域，知识多样化程度越低，越趋于 lnn 说明创投公司的投资活动分布于各个行业或领域中，知识多样化程度越高，即：

$$VCKD_{i,t} = \sum_{n=1}^{N} P_{i,n,t} \ln \frac{1}{P_{i,n,t}} \quad (5-4)$$

其中，$VCKD_{i,t}$表示 t 年焦点创投公司 i 的知识多样化；n 表示投资的行业类型；$P_{i,n,t}$表示 t 年创投公司 i 在 n 行业投资于行业 n 的百分比；N 表示行业的总数。

（三）调节变量

创投公司的创投网络中心性：对于网络中心性的衡量，现有研究通常包括特征向量中心性、接近中心性和程度中心性，特征向量中心性是对核心成员在网络中地位的整体衡量，符合本书的要求，因此本书选择特征向量中心性作为调节变量网络中心性的衡量指标。

（四）控制变量

由于本书的研究内容是创投网络如何影响企业技术创新网络，因此所选择的控制变量既需要考虑创投公司的相关因素，又需要考虑被投企业的相关因素。参考现有研究成果并考虑到数据的可获得性，本书选取以下控制变量。

（1）企业年龄，该变量表示企业的资历与创新经验，较大的企业年龄表明企业的知识储备丰富，可能会影响企业所在的技术创新网络结构，用“t－企业成立年份”表示。

（2）企业的个体网络规模，个体网络规模表征焦点企业在网络中能够接触到资源的丰富程度，会影响网络成员间的互动范围，从而可能影响企业技术创新网络结构。用时间窗内个体网络中的企业结点数量来表示。

（3）创投公司从业时间，表示创投公司的资历以及从业经验，用“创投公司成立年份”表示。

（4）创投公司个体网络规模，表征企业吸引创投公司联合投资的能力，利用创投网络中包含创投公司的数量来测度，创投网络规模可能会影响被投企业间相互获取信息的能力，从而影响技术创新网络结构。

第三节 实证分析与假设检验

一、网络结构的描述性统计

(一) 创投网络结构描述统计

依据本书构建的3年移动时间窗，将2006~2015年的数据划分为8个时间窗口，并构建8个创投网络，然后计算各个时间窗下创投网络规模、网络密度、平均路径长度和边数四个指标，创投网络结构特征的统计结果如表5-3所示。

表5-3 创投网络结构特征

时间窗口	网络规模	边数	网络密度	平均路径长度
2006~2008年	884	1 843	0.0047	3.700
2007~2009年	1 053	1 964	0.0035	3.857
2008~2010年	1 328	2 640	0.0030	3.789
2009~2011年	1 779	3 793	0.0024	3.777
2010~2012年	1 991	4 142	0.0021	3.835
2011~2013年	1 912	3 437	0.0019	3.964
2012~2014年	1 687	2 522	0.0018	4.074
2013~2015年	2 554	5 476	0.0017	3.972

由表5-3可以看出，创投网络规模与边数都呈现出增长趋势，而网络密度则是呈现下降趋势，平均路径长度则是波动性增长趋势，表明创投公司嵌入较为复杂的创投网络中。

图5-2展示的是2006~2008年、2010~2012年以及2013~2015年3个时间窗口下的创投网络结构。

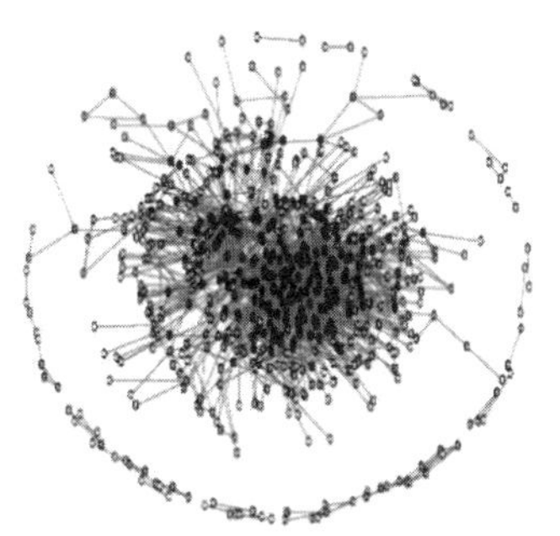

（a）2006~2008年创投网络

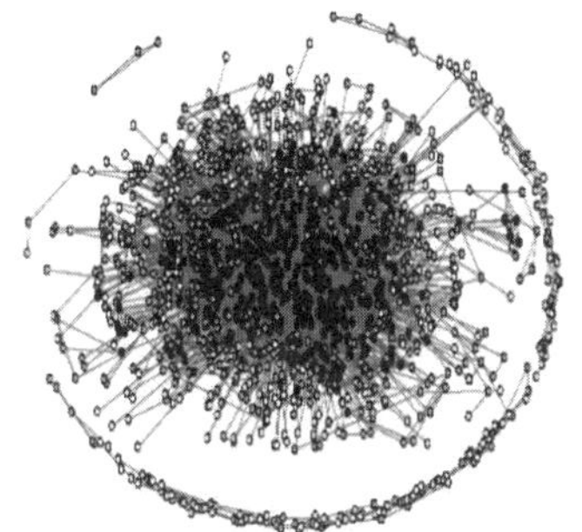

（b）2010~2012年创投网络

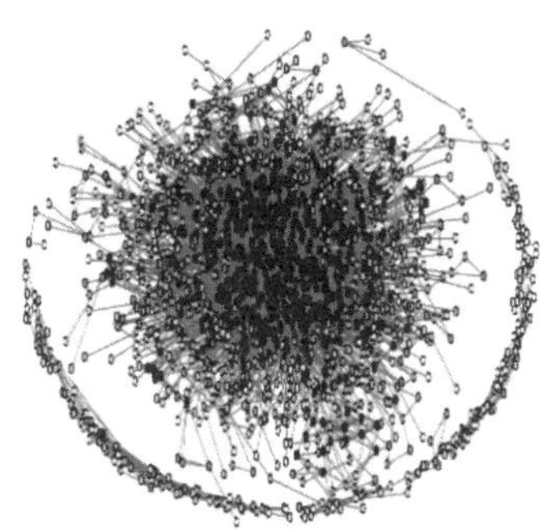

（c）2013~2015年创投网络

图 5－2　不同时间窗口下的创投网络结构

（二）技术创新网络结构描述统计

根据本书构建的 3 年移动时间窗，同样将 2006 ~ 2015 年的数据划分为 8 个时间窗口，并构建 8 个技术创新网络，之后计算每个时间窗下的技术创新网络规模、网络密度、平均路径长度和边数四个指标，技术创新网络结构特征的统计结果如表5-4所示。

表5-4　技术创新网络结构特征

时间窗口	网络规模	边数	网络密度	平均路径长度
2006~2008年	313	263	0.0054	1.928
2007~2009年	577	543	0.0033	2.202
2008~2010年	994	913	0.0018	2.103
2009~2011年	1 981	1 436	0.0007	1.656
2010~2012年	1 662	1 839	0.0013	3.853
2011~2013年	2 830	3 596	0.0009	3.207
2012~2014年	3 831	5 343	0.0007	3.595
2013~2015年	3 518	4 943	0.0008	3.287

由表5-4可以看出，网络规模与边数呈现出增长的趋势，而网络密度则呈现出下降趋势，平均路径长度则是波动性增长的趋势，表明企业是嵌入在较为复杂的合作关系网络中。

图5-3展现的是2006~2008年、2010~2012年和2013~2015年3个时间窗口下的技术创新网络结构。

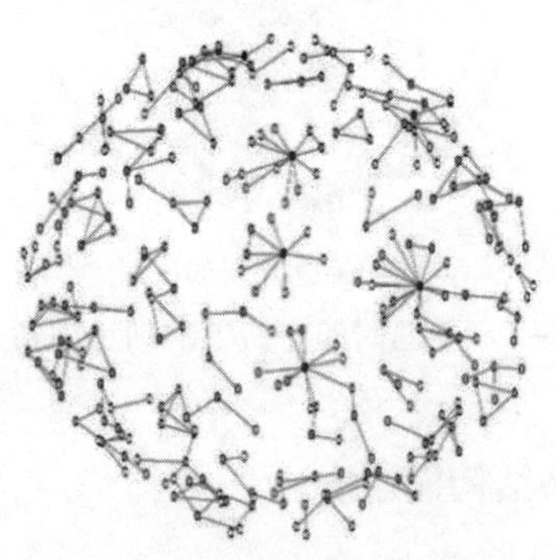

（a）2006~2008年技术创新网络

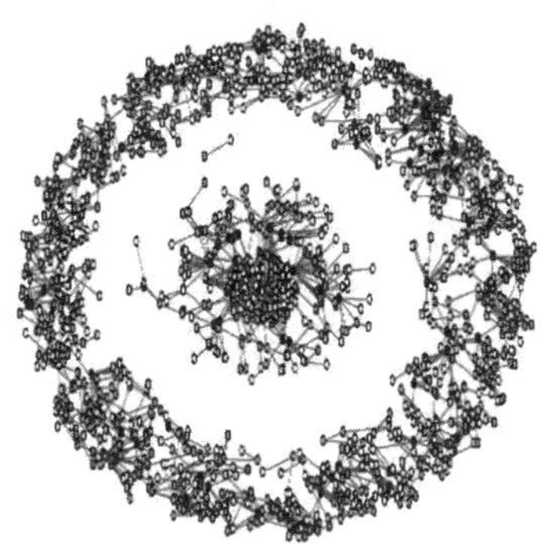

（b）2010~2012年技术创新网络

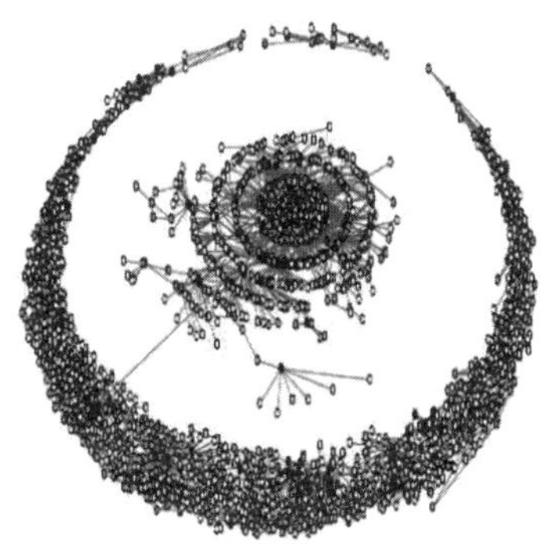

（c）2013~2015年技术创新网络

图5－3　不同时间窗口下的技术创新网络结构

二、相关性分析

多元回归分析前有必要对变量之间进行相关性分析，以初步地了解和判断变量之间的关系。本书同样采用 Pearson 相关分析法对本书所涉及的变量进行相关性分析，各个测量变量的描述性统计和相关系数如表5－5所示，从样本的统计结果来看，创投网络和技术创新网络密度主要分布在较小数值的区间范围。本书首先对变量间的相关性进行检验，初步判断变量间的关系；其次采用 Pearson 相关系数分析法对相关变量进行分析，如表5－5所示。从表5－5可以看出，变量的相关系数全部低于0.700，这就可以排除相关变量之间存在的多重共线性的可能性。相关系数仅仅是简单地解释了变量之间的相关关系，本书采用多元回归分析模型进一步科学准确地验证本节所提出的理论假设。

表 5-5 描述性统计和相关系数

变量	均值	标准化	创投网络知识多样化	创投网络封闭性	技术创新网络知识多样化	技术创新网络封闭性	创投网络中心性
创投网络知识多样化	1.702	0.673	1				
创投网络封闭性	0.478	0.319	-0.618***	1			
技术创新网络知识多样化	0.839	0.206	-0.010	0.099***	1		
技术创新网络封闭性	0.685	0.283	-0.043	0.036	0.043	1	
创投网络中心性	7.605	8.739	0.429***	-0.597***	-0.095***	-0.0489*	1

注：* 表示 $p<0.1$，** 表示 $p<0.05$，*** 表示 $p<0.01$。

三、回归分析

本书以技术创新网络封闭性与知识多样化的交互项作为被解释变量，采用逐步多元回归分析模型验证创投网络结构对技术创新网络结构的影响，以及创投网络中心性在创投网络结构与技术创新网络结构关系中的调节作用。由于本书涉及多个自变量和控制变量，而逐步多元回归分析法可以分步检验引入回归模型中的每一组自变量，以此能够判断模型在引入新的变量后是否有所改进。因此，本书以技术创新网络封闭性与知识多样化的交互项作为被解释变量，采用逐步加入控制变量、自变量的逐步回归分析方法。为了避免加入交互项而引起的多重共线性问题，在加入交互项之前，先标准化处理相应的自变量与调节变量，然后计算它们的交互项后，再代入回归方程，这样能在一定程度上避免多重共线性问题。回归结果如表 5-6 所示。

表 5 - 6　　回归分析结果

项目	模型 1	模型 2	模型 3	模型 4	模型 5	模型 6	模型 7	模型 8	模型 9
创投公司从业时间	-0.005* (-1.94)	-0.006** (-2.00)	-0.006** (-2.07)	-0.002 (-0.19)	-0.0012 (-0.08)	-0.003 (-0.50)	0.007 (1.57)	-0.002 (-0.39)	0.002 (0.17)
创投公司规模	0.002 (1.40)	0.002 (1.19)	0.002* (1.76)	0.001 (0.36)	0.001 (0.52)	0.001 (0.14)	0.026*** (4.57)	0.005 (0.53)	0.001 (0.07)
企业年龄	0.020*** (3.66)	0.020*** (3.63)	0.020*** (3.59)	0.026* (1.93)	0.042*** (5.03)	0.048*** (2.66)	0.038*** (3.51)	0.036** (2.24)	0.028** (2.07)
个体网络规模	0.151*** (5.24)	0.150*** (5.20)	0.153*** (5.30)	0.233*** (5.78)	0.187 (1.09)	0.098* (1.91)	-0.331** (-2.50)	0.038 (0.82)	0.232*** (5.84)
创投网络封闭性		0.048 (1.12)	0.073* (1.65)						
创投网络知识多样化		0.057 (1.40)	0.053 (1.30)	-0.165** (-2.54)	0.049 (0.67)	0.304*** (3.44)	0.164** (2.33)	0.257*** (3.20)	-0.106 (-1.58)
创投网络封闭性×创投网络知识多样化			0.084** (2.38)						
创投网络中心性								0.061 (0.69)	-0.028 (-0.39)
创投网络知识多样化×创投网络中心性								0.456*** (5.07)	0.249*** (2.96)
常数项	-0.521*** (-5.20)	-0.516*** (-5.11)	-0.483*** (-4.76)	-0.704*** (-3.43)	-0.923** (-2.43)	-0.421* (-1.68)	0.0875 (0.25)	-0.266 (-1.15)	-0.778*** (-3.82)
N	1 256	1 256	1 256	206	191	108	174	108	206
R^2	0.037	0.039	0.043	0.192	0.134	0.249	0.250	0.428	0.226
AR^2	0.034	0.034	0.038	0.171	0.111	0.213	0.227	0.388	0.199

注：* 表示 $p<0.1$，** 表示 $p<0.05$，*** 表示 $p<0.01$。

表 5 - 6 中，共有 9 个模型。模型 1 为控制变量对被解释变量的影响，模型 2 分别引入创投网络封闭性和知识多样化，结果并不显著。模型 3 的

结果显示创投网络封闭性和知识多样化交互项与技术创新网络封闭性和知识多样化交互项存在显著的正向关系（$\beta = 0.084$，$p < 0.05$）。为进一步验证创投网络封闭性与知识多样化的交互项对技术创新网络封闭性与知识多样化的交互项的具体影响，本节依据创投网络封闭性的均值进行样本分割。低于或等于平均值的为开放网络，高于平均值的为封闭网络，并对技术创新网络按照网络封闭性和知识多样化的平均值进行样本分割，封闭性低于或等于平均值的为开放网络，高于平均值的为封闭网络。知识多样化比平均值低或相等的网络专业化网络，比平均值高的网络为多样化网络，如表 5－7 所示。

表 5－7　创投网络与技术创新网络分割

项目	项目	网络封闭性≤均值	网络封闭性＞平均值
创投网络	知识多样化≤平均值	开放—专业化网络	封闭—专业化网络
	知识多样化＞平均值	开放—多样化网络	封闭—多样化网络
技术创新网络	知识多样化≤平均值	开放—专业化网络	封闭—专业化网络
	知识多样化＞平均值	开放—多样化网络	封闭—多样化网络

模型 4 和模型 5 检验开放创投网络中知识多样化对技术创新网络结构组合的影响，模型 4 以开放—专业化技术创新网络中网络封闭性和知识多样化交互项为被解释变量，以创投网络知识多样化为解释变量，结果显示，开放创投网络中，知识多样化与开放—专业化技术创新网络封闭性和知识多样化交互项显著负相关（$\beta = -0.165$，$p < 0.05$），假设 H5－1a 得到验证。模型 5 以封闭—多样化技术创新网络中网络封闭性与知识多样化的交互项为被解释变量，以创投网络知识多样化为解释变量，结果并不显著，因此，假设 H5－1b 未得到验证。模型 6 与模型 7 验证封闭创投网络中，网络知识多样化对技术创新网络结构组合的影响。在模型 6 中，以开放—专业化技术创新网络中网络封闭性与知识多样化交互项为被解释变量，创投网络知识多样化为解释变量，结果具有显著的正向关系（$\beta = 0.304$，$p < 0.01$），假设 H5－2a 得到验证。模型 7 检验创投网络知识多样化对被解释变量的影响，结果具有显著的正向关系（$\beta = 0.164$，$p < 0.05$），假设 H5－2b 得到验证。模型 8 与模型 9 验证创投网络中心性的调节作用。模型 8 检验封闭创投

网络中心性的调节作用，结果具有显著的正向关系（$\beta = 0.456$，$p < 0.01$），表明在封闭创投网络中，创投网络中心性正向调节创投网络知识多样化与封闭—多样化技术创新网络之间的关系，假设 H5－3a 得到验证。模型 9 检验开放创投网络中心性的调节作用，结果具有显著的正相关关系（$\beta = 0.249$，$p < 0.01$），表明在开放创投网络中，创投网络中心性正向调节创投网络知识多样化与封闭—多样化技术创新网络之间的关系，假设 H5－3b 得到验证。

第四节 研究结果与讨论

创投网络通过中间人机制和能力机制影响被投企业所在的技术创新网络，同时需要结合创投网络位置才能厘清创投网络与企业技术创新网络的关系。本书基于结构视角，从知识多样化与网络封闭性两个方面研究创投网络对企业技术创新网络的影响，并探析创投网络中心性在此过程中的调节作用。通过对 326 家创投公司对 160 家企业 1256 轮次的投资数据进行实证分析，得出以下结论：（1）处于开放—专业化创投网络中的创投公司所投资的企业比处于开放—多样化创投网络中的创投公司所投资的企业更可能形成开放—专业化技术创新网络；（2）处于封闭—多样化创投网络中的创投公司所投资的企业比处于封闭—专业化创投网络中的创投公司所投资的企业更可能形成开放—专业化技术创新网络；（3）处于封闭—多样化创投网络中的创投公司所投资的企业比处于封闭—专业化创投网络中的创投公司所投资的企业更可能形成封闭—多样化技术创新网络；（4）高中心位置强化了封闭—多样化网络中创投公司的能力机制作用，更可能使被投企业形成开放—专业化技术创新网络结构。但高中心位置弱化了嵌入开放—专业化网络中创投公司的能力机制作用，更可能使企业形成开放—专业化技术创新网络结构。

研究结论具有重要的理论意义。（1）本章从中间人角色和能力两种机制研究创投网络结构对企业技术创新网络结构的影响，丰富了创投网络与技术创新网络关系的研究。虽然学者们分别从中间人角色和能力两个视角研究创投网络对企业合作关系构建的作用，但中间人角色和能力作用在创投网络结构与企业技术创新网络结构关系中如何共同作用并不清晰。本章将中间人角色和能力机制纳入同一个框架，厘清了两种机制在创投网络结构和企业技术创新网络结构关系中的作用，并探讨创投网络中心性在二者关系中的作用，丰富了中心性的作用边界探讨，诠释了两种机制发挥作用的情景依赖性。为破解创投网络结构对技术创新网络结构影响过程黑箱、构建创新生态系统提供理论参考。（2）从结构视角研究创投网络对企业技术创新网络的影响，并探讨创投网络中心性在创投网络结构与企业技术创新网络结构关系中的调节作用，为研究创投网络与技术创新网络的关系提供新视角。已有研究仅限于创投网络结构对企业间关系构建的影响，并未具体研究技术创新网络特征如何受到创投网络结构的影响。本书基于特瓦尔等（Ter Wal et al. , 2016）的研究框架，将成员的理解能力内化于网络结构，以成员对信息的接触和理解为研究主线，同时从网络结构封闭性和知识多样化两个方面探索创投如何影响企业技术创新网络结构，拓展了创投网络与技术创新网络关系的研究思路。

第六章

技术创新网络结构对企业创新绩效的影响研究

本章首先以145家西安高新技术企业为主要样本，其他省份高新技术企业为补充样本，应用多元回归分析方法，针对技术创新网络结构对企业创新绩效的影响以及在此过程中的影响因素作探索性研究；其次采用特瓦尔等（Ter Wal et al.，2016）的研究框架，将成员的理解能力内化于网络结构，以成员对信息的接触和理解为研究主线，从网络结构封闭性与知识多样化两个方面揭示技术创新网络结构与企业创新绩效的关系。

第一节 技术创新网络结构对企业创新绩效的探索性研究

已有研究表明，企业所嵌入的网络结构对创新绩效有重要影响。学者们对技术创新网络与企业创新绩效之间的关系研究主要从两个层面展开：一是聚焦于网络结构变量，主要包括网络结构与网络关系对创新绩效的影响。如陆立军（2007）和池仁勇（2007）以浙江省的企业为研究对象，分析其技术创新网络连接度对创新绩效的影响。扎希尔（Zaheer，2005）以加拿大共同基金公司为研究对象，分析其网络关系与企业创新产出之间的关系，得出网络结构能促进公司创新绩效的结论。高塔姆（Gautam，2000）通过对国际医药行业网络关系与企业创新产出关系的分析指出，网络关系结构无论是直接还是间接关联都会正向影响创新产出，而结构洞对创新产出的影响则是负的。二是研究企业所处位置及结点度对其创新绩效的影响。如蔡（Tsai，2001）提出，中心度作为描述企业网络位置的重要指标对创新绩效有重要影响，实证结果也支持了他的观点。钱锡红和杨永福（2010）通过实证分析发现，位于网络中心并占有丰富结构洞的企业更具有创新优势，而企业在知识获取、知识消化、知识转换与知识应用方面的能力能够有效提升企业创新绩效。近年来，也有一些学者开始关注技术创新网络中的资源对企业创新绩效的影响。

作为网络组织的重要结构特征之一，网络异质性对创新绩效的影响引起了学者们的高度关注。然而，纵观已有研究，学者们对于网络异质性如何影响创新绩效这一问题存在较大分歧。代表性的观点有以下三种：（1）网络异质性增加了网络中信息的多样化，从而提升了企业的创新绩效。这一观点以席根斯和克拉姆（Higgins & Kram，2001）的研究最具有代表性。席根斯和克拉姆认为，网络多样化反映网络中信息流的非冗余程度，网络提供信息的非冗余度越低，焦点网络成员能够获取的资源和信息越多。菲尔普斯（Phelps，2010）也支持这一观点。（2）网络相似性提升了组织间的知识转移，从而提升了企业绩效。这种观点以达尔和库尔茨贝格（Darr & Kurtzberg，2000）的研究为代表。达尔和库尔茨贝格的研究认为，伙伴相似的各个维度使知识的搜索更加有效，这将有利于知识的转移。（3）网络异质性与企业创新绩效之间存在倒“U”型关系。这一观点以桑普森（Sampson，2007）的研究最具有代表性。桑普森利用通信设备产业 R&D 联盟的相关数据研究技术多样化如何影响企业创新绩效。结果显示，联盟中过高或过低的技术多样化都不是最优的，只有中度技术多样化有利于企业创新绩效的提高。

那么，一个有趣的问题便出现了：到底是什么原因造成了这种分歧？对于这种分歧，本书认为是由于学者们试图仅从网络异质性这一个维度去解释企业创新绩效，而忽略了一个关键变量——网络结构。实际上，技术创新网络的两个重要属性——网络结构与网络多样化，共同存在于技术创新网络中。而且研究已表明，网络异质性通过提供给企业非冗余的多样化知识和信息影响企业的创新绩效，网络结构则通过影响网络中知识的转移和信息的传播影响企业的创新绩效。而知识的顺利转移与信息的广泛传播是以网络提供异质的知识与信息为前提的。罗丹（Rodan，2004）等对网络内容的研究中也指出，创新的本质在于知识的重新组合，而重新组合的前提是获取到异质性知识。同时，异质的信息与知识的传播与转移也是以特定网络结构为基础。因此，网络结构与网络异质性互为前提、互为条件，它们在分别对企业创新绩效作用的同时，必然存在着交互作用。网络异质性对技术创新网络绩效的影响可能会由于网络结构的不同而影响的方向和结果也不同。但这种观点在现有研究中并未得到验证。基于此，我们有必要引入网络结构变量，分析并验证网络结构在网络异质性与创新绩效关系中起什么作用？以怎样的方式起作用？

知识搜索和知识转移是企业获取知识的两种关键机制。研究表明，合作者与企业之间的差异性是企业获取互补性资源或进行组织间学习的前提条件，即不同知识存量的伙伴联结为企业提供了独立于网络结构的互补性知识的入口。然而，当网络中知识差异太小或太大时，也可能不利于组织间知识的转移，太低的异质性使组织间知识存量与水平相似，从而失去了知识转移的动力；太高的网络异质性因为其成员具有各自的语言、规范和目标，可能成为知识转移的障碍。网络密度即网络中企业之间相互联结的程度，作为网络结构的一个重要变量，是影响企业行为及效果的重要因素（Gnyawai，2001）。技术创新网络中，网络异质性对创新绩效的影响主要是通过知识转移来实现，而知识转移的可能性及效果依赖于组织间关系的紧密程度。密集的网络结构能够在成员之间形成信任与互惠关系，抑制合作伙伴的机会主义行为，一方面能促进知识转移，使组织能有效地进行组织间学习；另一方面能减小由于网络异质性太大而在知识转移过程中带来的负面影响，最终提高企业的创新绩效。因此，网络封闭的社会控制利益以及不同知识的入口并存于技术创新网络之中，相互影响，相互作用，共同作用于企业创新绩效。因此，本书引入网络密度，提出了两个假设。第一，网络异质性与创新绩效之间存在倒“U”形关系；第二，网络密度会加强网络异质性对企业创新绩效的影响作用。

本书通过对 145 家西安高新技术企业进行问卷调查获取数据，运用多元回归模型对所提出的假设进行实证检验，并得到了部分稳定的支持。结果显示，网络异质性与创新绩效之间呈线性正相关关系而不是曲线关系；网络密度加强了网络异质性对创新绩效的影响，网络异质性与密度之间呈线性交互而不是曲线交互。这些结论解释了有关网络异质性对企业创新绩效影响方面的分歧，加深了我们对技术创新网络与企业创新绩效之间关系的理解。

一、理论与假设

（一）网络异质性与企业创新绩效

知识是创新的关键资源，网络环境下创新的本质是知识的重组，而重组的前提在于异质知识的获取（Rodant & Galunic，2004）。这意味着主体间具有互补性的知识是技术创新网络存在的一个基础条件，各企业为了寻求互补性知识，与所需知识源联结，形成网络。互补性的知识来源于知识的异质性，网络异质性是企业在组织间学习过程中的关键因素，也是组织间知识转移的重要变量。它给企业带来种类丰富或非冗余性知识，从而增加企业从合作者那里获取互补性知识的机会，促进组织间的学习，为企业提供更多种创新要素组合的机会，实现企业的技术创新，提高其创新绩效。

然而，随着合作者之间知识距离的增大，他们互相认知、吸收和应用知识的能力就会下降。企业必须花费更大的努力和资源去理解并整合不同的知识，从而增加了重组创新的成本。因此，当一个企业所在网络的异质性增大时，其吸收和利用这些知识的成本会大大增加，即当网络中知识元素增多时，它们重新组合成有用创新的机会就会减少，也就是说，过度的多样化会减少创新。卡明斯（Cummings，2003）指出，企业组织资源异质性也不是越小越好，组织知识资源差异性过小，会使知识交换的双方在知识结构和水平方面几乎完全相同，企业间没有太多的知识值得转移，这意味着技术创新网络中合作企业间拥有可以转移的知识存量小，即可以转移的知识基数小，因而也就没有知识转移的必要。因此，当多个合作者向网络提供相似知识资源时，可能会导致网络创新敏感性的降低，并最终处于锁定，从而失去了技术创新网络存在的基础，导致网络的解体。

综上分析，网络异质性对创新的影响呈曲线形状。当网络异质性水平较低时，企业与其伙伴在知识组合方面具有高度的相对吸收能力，但获取到的知识具有较低水平的新颖性。而在高水平网络异质性情况下，吸收能力的成本超出高新颖知识带来的利益。虽然增加的多样化指数增加了新颖知识的重组机会，但却大大制约了一个组织将大量潜在的重组转变为有用创新的能力。因此，一定水平的网络异质性对创新是有价值的，但太大或太小则可能不利于创新。鉴于此，本书提出以下假设。

H6－1：网络异质性与企业创新绩效之间具有倒“U”型关系。

（二）网络密度的调节作用

网络密度减小了因网络异质性增加所带来的协作问题。虽然技术创新网络为企业提供了访问伙伴知识的入口，但并不能保证企业有效地发现、转移和同化知识。技术知识隐性和嵌入的性质使伙伴在发现、转移和同化知识方面存在困难。而网络中知识的日益多样化，增加了独特的隐性知识的数量。高度新颖性和隐性增加了合作的不确定性，给网络带来了更大的复杂性，更多潜在冲突的可能性。然而，高密度网络由于受到声誉机制的影响，能有效防范机会主义行为，促进知识的沟通和共享。企业技术创新网络合作伙伴联结的紧密程度在一定程度上减少了合作和协调成本，从而放大了由于网络异质性的增加所带来的利益。由此可得出，在网络异质性对企业创新绩效的影响方面，网络密度具有积极的调节作用。

网络密度减少了因网络异质性增加所带来的吸收能力的问题。企业之间通过反复的经济交易和社会交往会产生相互信任和默契，并形成互惠互利的稳定合作关系。信任减少了网络伙伴保护知识的程度，增加了它们分享知识的意愿，从而增加了企业间的学习和知识的创造。互惠规范加强了分享的动机，促进了伙伴间专有知识共享例程的创造。因此，共享的信息和知识将较少受到扭曲，会更丰富，质量会更高。现有研究已表明，密集的企业间网络在转移和整合复杂的和隐性的知识方面比有结构洞的网络更有效。网络封闭的信任和互惠利益促进了合作企业工作人员之间密集的互动（Dyer & Nobeoka，2000），这提高了隐性知识和嵌入性知识的寻找和转移。总之，网络密度的增大提高了一个企业吸收和利用来自异质伙伴的知识的能力。网络密度以两种不同的方式调节网络异质性对企业创新绩效的影响。首先，当密度增加时，网络异质性对企业创新绩效放大的价值将增大，即将曲线的峰值调整到异质性的一个更高值；其次，增加的密度将减小网络异质性与企业创新绩效之间负向关系的斜率。即当网络异质性的影响转变为负时，增加的密度将挫伤异质性对企业创新绩效的负面影响。

H6－2：网络密度以如下的方式调节网络异质性和企业创新绩效之间的曲线关系：增加的网络密度将：（1）增加网络异质性放大创新绩效的价值；（2）减少网络异质性的负面影响。

二、研究方法

（一）样本选择与数据收集

本书重点研究网络异质性、网络密度与企业创新绩效之间的关系，因此需要收集这三个变量的相关数据，本节采用调查问卷方法收集数据。样本企业的确定主要出于研究可行性的考虑，由于时间、经费、社会资源等条件的限制，按照就近原则和研究的便利性选定样本企业。本书主要选取具有较强网络创新特征的西安高新技术开发区的企业，并以其他部分省份的企业作为补充。

西安高新技术产业开发区是经国务院在 1991 年 3 月第一批批准的国家级高新区。之后，该区主要的经济指标迅猛增长，其综合指标在国家级高新区中名列前茅。全区 90% 以上的高新技术企业拥有自主知识产权，列入国家各类产业计划居于全国高新区前列。西安高新区已经成为中国高新技术产业重要的发展基地。因此选取西安高新技术开发区的企业为样本企业具有一定的代表性。

笔者首先从西安市高新区管委会获取所登记的企业名录；其次采用随机抽样的方法对这些企业进行筛选，最终选出 145 家企业作为调研对象进行问卷调查。本次调研活动从 2010 年 4 ~ 8 月，问卷的填答者主要为各企业或组织的高层技术管理人员。为防止对问卷的理解有偏差，保证问卷的回收率，调查问卷的发放和回收主要采用先通过电话与所选企业的高层管理者联络，确认可以接受调查后，由事先经过专门培训的调查员采取了上门拜访的方式。在调研中，强调了本书研究的重要性及实用性，保证他们的回答会匿名处理。共发放问卷 200 份，回收问卷 103 份，回收率为 51.5%。在回收的问卷中，对于只有个别缺失值的问卷，我们采用电话联系的方式进行回访，对问卷进行完善。对于部分缺失值太多或有明显虚假信息的问卷则予以剔除，最终确定有效问卷 91 份，有效回收率为 45.5%。除此之外，依托笔者所参与的研究课题，在之前的国家自然科学基金项目研究中积累的协作关系，围绕三一重工、华为科技等公司，采用“滚雪球”的方式，分组进行问卷发放与回收。通过发电子邮件（E-mail）的方式，在事先沟通的情况下将问卷发给相关企业的技术管理者。通过

E-mail 方式回收问卷，对于未回复的回答者，通过电话方式提醒被访问者尽快予以回复。涉及样本企业 44 家，有效样本 13 家，有效回收率 29.5%。总共回收有效问卷 104 份。满足了分析方法对样本量的要求（样本数量应当不少于 100 份）。

（二）变量的测度

为了保证测量工具的效度和信度，本节尽量采用国内外现有文献已使用过的量表，再根据本书的研究目的加以适当的修改。在正式发放问卷之前，请几位高新区内企业家进行了预填写，并根据他们的反馈，结合专家意见对问卷进行了调整。本节对所有因素都使用了李克特 5 点计分法测量（1 代表“完全不同意”，5 代表“非常同意”）。

1. 被解释变量的测度

创新绩效的测度。在创新绩效测量题项的设计方面，我们首先参考哈格杜恩和克洛德（Hagedoonr & Cloodt，2003）和德文尼（Devinnye，1993）对创新绩效的测量量表，设计了初始测度量表。其次采取 Cronbach's α 系数对初始量表进行了信度分析，通过因子分析删除了载荷小于 0.4 的题项和同时在多个因子上具有大致相当载荷的题项，提取特征值大于 1 的因子（下同），最终形成了测度量表，如表 6 - 1 所示。

表 6 - 1　企业创新绩效的测度量表

变量	题项
创新绩效	与贵公司所在网络的其他企业相比，贵公司在交际网络中新产品数更多
	与贵公司所在网络的其他企业相比，贵公司在交际网络中申请的专利数更多
	与贵公司所在网络的其他企业相比，贵公司在交际网络中新产品市场占有率更大
	与贵公司所在网络的其他企业相比，贵公司在交际网络中新产品的开发速度更快
	与贵公司所在网络的其他企业相比，贵公司在交际网络中创新产品的成功率更高

2. 解释变量的测度

网络密度的测度。在网络密度测量题项的设计方面，我们首先参考巴特加尔（Batjargal，2004）和雷诺（Reynolds，2001）与马斯登（Marsden，1990）以及我国学者刘璐（2009）对自中心网络密度的测量题项，并结合本节内容进行了筛选与改造，最终设计出测度量表，如表6-2所示。

表6-2　企业创新绩效的测度量表

变量	题项
网络密度	企业的合作伙伴之间存在很多的直接联系
	企业的合作伙伴之间主要通过本企业建立联系
	与贵公司所在网络的其他企业相比，企业与同一行业内其他企业之间关系更密切
	与贵公司所在网络的其他企业相比，企业与高校或科研院所之间关系更密切

网络异质性的测度。本书关注的是技术创新网络内企业之间技术的差异性。本节借鉴朱利安尼和贝尔（Giuliani & Bell，2005）与罗丹和加卢尼（Rodan & Galunie，2004）所设计的知识异质性考查题项，结合国内学者郭京京（2011）对知识异质性的测量，并根据本节的需要作了适当的修改，最终设计出测度量表6-3。并将测得的结果反向编码。

表6-3　企业创新绩效的测度量表

变量	题项
网络异质性	与贵公司所在网络的其他企业相比，我们与它们在产品上没有太大差异
	与贵公司所在网络的其他企业相比，我们与它们使用的生产设备没有太大差异
	与贵公司所在网络的其他企业相比，我们与它们在生产流程和工艺上没有太大差异

3. 控制变量的测度

企业规模和企业年龄的不同可能会导致企业资源异质性和网络密度的不同。通常情况下，企业规模越大，组织资源异质性就越大，与其联结的其他组织也会越多。企业年龄会影响企业的绩效水平，建立时间越久的企业，相对来说越有经验优势，同时其绩效也可能更好。行业差异是影响企业创新活动和创新强度的重要因素。因此，本节引入企业规模、企业年龄和企业所在行业作为本部分主要的控制变量。表6-4给出了上述各变量的描述与定义。

表 6-4 控制变量的定义与描述

控制变量	定义
企业规模虚拟变量	50 人以下取值为 1；51~100 人取值为 2；101~200 人取值为 3；201~500 人取值为 4；501~1 000 人取值为 5；1 001~2 000 人取值为 6；2 001 人以上取值为 7
企业年龄虚拟变量	5 年以内的取值为 1；6~10 年取值为 2；11~15 年取值为 3；16~20 年取值为 4；21 年以上取值为 5
行业虚拟变量	分为机械制造、电子通信、生物医药行业、电气设备行业、化工行业；冶金与能源行业；其他，采用多分类虚拟变量定义

三、实证检验

（一）数据质量的评价

在回收的 104 份问卷中，在公司成立历史方面，回收问卷以 6~10 年的企业占大多数，占有效问卷的 36.7%，然后是 10~15 年的企业，占有效问卷的 25.3%；在企业员工人数方面，以 201~500 人的企业占大多数，为回收样本的 40.3%，然后为 501~1 000 人的企业和 1 001 人以上的大型企业，分别占 20.7% 与 16.7%；在行业分布方面，回收样本主要集中在机械制造，占总样本数的 30.8%，然后是电子通信与生物医药，分别占总样本量的 21.2% 与 15.4%，其他所占的比例较平均。可见，样本具有较广的分布，达到本书研究的基本要求。受访者有 93% 为中、高级职称，这在很大程度上保证了本书研究问卷的真实性和可靠性。

本节采用几种方法来努力解决共同方法变异的问题。首先，采纳波德萨科夫和奥干（Podsakoff & Organ，1986）的建议，用多个题项来测量每个变量，避免由单一题项可能造成的共同方法偏差。其次，进行了哈蒙（Harmon，1967）单因子检验，结果没有析出单独一个因子，也没有一个因子能解释大部分的变量变异。非回应误差的测量通过将应答者分为两组：早期应答组与后期应答组来进行。分析结果显示，两组在变量的平均值及其他的人口统计学变量上没有显著的差异。

（二）量表的信度与效度检验

借助于 SPSS 16.0 统计软件对各变量进行探索性因子分析。结果如表 6－5 所示。由表 6－5 可以看出，本节所用的量表各题项的载荷都满足了 Alpha 系数大于 0.5 以及 KMO 值大于 0.7 的标准。而且所使用的问卷题项全部来自过去的文献，很多学者都曾使用这些量表测量相关变量。本节在最终确认问卷之前，通过咨询相关领域的专家，预试并修正问卷的部分提法、内容，因此问卷具有相当的内容效度，也能够符合构建效度的要求。因此可以说，检验结果显示调查问卷具有良好的信度与效度。

表 6－5　变量的信度与效度分析结果

变量	Cronbach's α 系数	KMO
创新绩效	0.7829	0.716
网络密度	0.7036	0.792
网络异质性	0.7718	0.723

（三）描述统计与相关分析

本书用 SPSS 16.0 对所获取的数据进行假设验证，表 6－6 是本书主要变量的均值、标准差和相关系数。从表 6－6 中自变量和因变量间相关系数大小、方向及显著性水平来看，网络异质性、网络密度与企业创新绩效均显著正相关。因此，有必要进一步进行回归分析，以了解自变量对因变量的影响大小。

表 6－6　各变量均值、标准差和相关系数

变量	均值	标准差	1	2	3	5	6
创新绩效	2.65	1.126	1.000				
企业年龄	2.64	1.874	0.391**	1.000			
企业规模	3.71	1.974	0.467**	0.521**	1.000		
网络异质性	2.53	1.105	0.552**	0.305**	0.269**	1.000	
网络密度	2.43	1.112	0.611**	0.230*	0.399**	0.221*	1.000

注：* 表示 $P<0.05$，** 表示 $P<0.01$。

（四）回归分析

为检验本书提出的各个假设，我们进行逐步多元回归分析：首先，引进控制变量；其次，引进自变量网络异质性及网络异质性的平方；再次，引进调节变量网络密度；最后，在以上基础上分别引入网络密度与网络异质性的交互项以及网络密度与网络异质性平方的交互项。为了避免加入交互项带来的多重共线性问题，我们首先对自变量与调节变量做中心化处理；其次计算其交互项并代入回归方程中，从而有效地避免了多重共线性问题。在本书的回归分析时，各个回归模型得出的方差膨胀因子的值都低于5，因此，本书认为，相关的解释变量之间不存在多重共线性问题。回归分析结果如表6-7所示，括号里数值为标准误差（下同）。

表6-7　　企业创新绩效的多元回归分析结果

项目	模型1	模型2	模型3	模型4	模型5	模型6
常数项	0.824 -0.313	-0.377 -0.348	-0.533 -0.392	-1.415 -0.43	-1.118 -0.378	-2.049 -0.647
企业年龄	0.254** -0.088	0.194** -0.077	0.197** -0.078	0.166** -0.073	0.120* -0.064	0.157** -0.066
企业规模	0.315*** -0.056	0.233** -0.05	0.217** -0.051	0.147* -0.049	0.151** -0.043	0.121 -0.043
所在行业	控制	控制	控制	控制	控制	控制
网络异质性		0.428*** -0.835	0.445*** -0.863	0.308*** -0.892	0.321*** -0.777	0.355*** -0.796
网络异质性2			0.066 -0.141	0.039 -0.132	-0.016 -0.117	-0.011 -0.115
网络密度				0.326*** -0.18	0.284*** -0.157	0.425*** -0.233
网络异质性×网络密度					0.356*** -0.088	0.345*** -0.087
网络异质性2×网络密度						-0.193 -0.113
R^2	0.306	0.473	0.477	0.549	0.661	0.672
Adj. R^2	0.285	0.452	0.45	0.521	0.636	0.644
F	14.698	22.228	17.882	19.669	26.726	24.286

注：*表示 $p<0.10$，**表示 $p<0.05$，***表示 $p<0.01$。

加入控制变量，先对模型1做了回归分析。从表6－7的结果可以看出，回归方程显著性水平较高，说明控制变量与因变量的线性关系显著（$R^2=0.306$，调整 $R^2=0.285$）。假设6－1提出网络异质性与企业创新绩效之间具有倒“U”型关系。从加入网络异质性后模型2的回归结果来看，方程仍然是显著的，各自变量和控制变量的系数也都通过了显著性检验，多重判定系数 R^2 值的变化显著，大大增加了模型的解释能力（$R^2=0.473$，调整 $R^2=0.452$），说明模型2比模型1的解释能力更强。但是在模型3中，加入网络异质性的平方项后，得到的结果却不显著。模型的解释能力（$R^2=0.477$，调整 $R^2=0.450$）与模型2相比不是增大，反而减小。因此，虽然我们证明了网络异质性对企业创新绩效具有正向影响作用，但却无法证明网络异质性与创新绩效之间存在曲线关系。假设6－1没有通过验证，原因可能是样本企业避免与高度不同的企业结网。事实上，莫维利（Mowery，1998）等发现，企业通常避免与高度不同的企业结盟。如果没有足够异质性的网络，只能观察到线性相关关系。模型4中，加入调节变量网络密度后，方程显著，模型解释能力进一步加强（$R^2=0.549$，调整 $R^2=0.521$）。虽然在假设中我们没有提出网络密度与企业创新绩效之间的关系，但从模型中可以看出网络密度与创新绩效之间具有正相关关系。这与国内外一些学者的结论相一致。科尔曼（Coleman，1988）认为，高密度网络会产生大量的企业间联系，更可能建立彼此之间的信任关系与共享准则，从而形成共同的行为模式，加速网络资源的传播与共享，促进了创新知识与成果在网络中的快速传播。国内学者李志刚（2007）等也得出了相同的结论。模型5中，加入网络密度与网络异质性的交互项后，方程显著，模型解释能力增强（$R^2=0.661$，调整 $R^2=0.636$），假设6－2提出网络密度加强了网络异质性对创新绩效的影响得到了支持。从模型6可看出，网络密度与网络异质性平方项的交互作用不显著（$R^2=0.672$，调整 $R^2=0.644$），因此，网络异质性与密度之间呈线性交互而不是曲线交互。

四、稳健性检验

科恩（Cohen，1987）等指出，企业存在的约50%的创新投入强度差异来自行业固定效应，这种行业固定效应由产业自身技术特征方面的差异所形成。产业自身技术或者其周期特征能够解释大约16%的企业创新投入强度方面存在的差异。因而有必要验证具体行业内部网络异质性、网络密度与创新绩效间的关系。本节对占比例最大的机械制造、电子通信行业的样本分别进行了回归。与总体样本的回归结果相对照，从本节结果可以看出，不管是全行业的总体样本还是特定行业的样本，所涉及的相关变量的系数符号、显著性水平等都基本上保持一致水平。这就说明模型中所设定的变量之间的关系呈现出稳定效应，这相当程度上说明本书的研究结论是可靠的。回归结果如表6－8与表6－9所示。

表6－8　　机械制造行业企业创新绩效的多元回归分析结果

项目	模型1	模型2	模型3	模型4	模型5	模型6
常数项	1.281 －0.551	－0.164 －0.467	－0.029 －0.564	－1.153 －0.516	－0.32 －0.47	－0.344 －0.481
企业年龄	－0.055 －0.179	－0.193 －0.129	－0.21 －0.137	－0.191 －0.108	0.056 －0.095	－0.078 －0.113
企业规模	0.770*** －0.084	0.650*** －0.06	0.676*** －0.069	0.462*** －0.06	0.273** －0.055	0.293** －0.061
网络异质性		0.542*** －1.23	0.526*** －1.323	0.526*** －1.038	0.302*** －1.113	0.312*** －1.17
网络异质性2			－0.046 －0.123	－0.187 －0.104	－0.088 －0.089	－0.068 －0.107
网络密度				0.404*** －0.162	0.344*** －0.134	0.353*** －0.141
网络异质性×网络密度					0.384*** －0.178	0.377*** －0.184
网络异质性2×网络密度						－0.044 －0.164
R^2	0.543	0.782	0.784	0.872	0.919	0.92
Adj. R^2	0.512	0.759	0.752	0.847	0.9	0.897
F	17.242	33.507	24.456	35.32	47.564	39.448

注：*表示 $p<0.10$，**表示 $p<0.05$，***表示 $p<0.01$。

表 6-9　　电子通信行业企业创新绩效的多元回归分析结果

项目	模型 1	模型 2	模型 3	模型 4	模型 5	模型 6
常数项	1.686 -0.645	-0.463 -0.719	-0.471 -0.743	-2.98 -1.082	-1.512 -0.973	-2.012 -1.101
企业年龄	0.485 ** -0.189	0.416 ** -0.143	0.423 ** -0.156	0.22 -0.147	0.073 -0.124	0.106 -0.128
企业规模	-0.336 ** -0.168	-0.109 -0.14	-0.105 -0.146	-0.011 -0.125	0.023 -0.1	-0.012 -0.104
网络异质性		0.644 *** -1.464	0.646 *** -1.511	0.580 *** -1.287	0.338 * -1.233	0.260 * -1.531
网络异质性 2			-0.019 -0.194	-0.251 -0.213	-0.131 -0.188	-0.006 -0.25
网络密度				0.564 *** -0.492	0.428 ** -0.405	0.544 ** -0.501
网络异质性 × 网络密度					0.472 ** -0.15	0.585 *** -0.192
网络异质性 2 × 网络密度						-0.277 -0.227
R^2	0.294	0.628	0.628	0.753	0.854	0.863
Adj. R^2	0.219	0.566	0.541	0.676	0.795	0.794
F	3.947	10.124	7.18	9.744	14.582	12.597

注：* 表示 $p<0.10$，** 表示 $p<0.05$，*** 表示 $p<0.01$。

考虑到样本非随机性和异常值可能对回归结果产生影响，本节采用各去掉 5% 比例企业规模最高和企业规模最低的样本来进行稳健性检验，回归结果与总样本各变量的各种特征保持一致。另外，考虑到非正常性波动容易出现在新成立企业当中，本书在稳健性检验时去掉成立小于 3 年的样本，回归结果与总样本回归结果基本一致。

五、讨论与结论

（一）结论

本书在前人研究的基础上，以 145 家西安高新技术企业为主要样本，其他省份高新技术企业为补充样本，应用多元回归分析方法，就网络异质性、网络密度与企业创新绩效的关系进行了实证研究。本节通过实证得到了以下研究结果。

首先，网络异质性有助于企业创新绩效的提高。创新是一种信息密集型活动，这种活动涉及信息的收集和处理，仅靠企业自己的实力在掌握知识与技术方面存在很大的局限性，而对于具有异常活跃的创新活动、极短产品生命周期特性的高新技术产业来说，为产品与技术开发持续地注入新想法、新知识与新信息就显得非常重要。因此，企业只有积极地与不同类型的组织建立合作关系，才能扩大知识搜寻范围并获得所需的互补性知识。

其次，网络密度加强了网络异质性对创新绩效的影响。这个结论解释了网络异质性与创新绩效之间关系研究中的结论差异。现有文献对网络异质性与企业创新绩效的研究结论差异较大，造成这种结果的可能原因是这类研究没有观察到网络密度与网络异质性的交互作用。本节结论认为，由不同知识基础所组成的网络将会提供给企业获取独立于网络结构的多样化信息，网络封闭性的优势以及获取多样化信息和技术诀窍共同存在于企业的技术创新网络中，二者共同影响企业创新绩效。这个结果与最近企业间网络纵向定性研究相一致，毛雷尔和埃伯斯（Maurer & Ebers，2006）在对六个生物技术企业的检验中发现拥有不同资源的密集网络的企业会经历更快的增长与发展。

再次，网络密度与企业创新绩效之间具有正相关关系。这与多数国内外学者结论相一致，网络密度因为它们分享共同的第三方合作伙伴，因此促进了合作伙伴间的信任和互惠，增加了伙伴间的合作，并减少了相对吸收能力问题。网络封闭性也能通过增加机会主义成本促进信任，因为在密集网络中，一个企业的机会主义行为损害了其声誉，损害了其现有的联盟并减少了未来联盟的机会。这样密集的网络也产生了“可执行”或“威慑基础”的信任。现代企业理论指出，利益相关者间的合作决定企业最终的价值创造与实现，企业的发展空间与潜力会随着利益相关者间合作的质量、范围和程度变化。因此，企业间网络的重要性会在创新实践中有所体现，也就是说，不仅是企业内部，企业和别的行动者之间的关系都成为创新的源泉。

最后，本节具有管理方面的意义。研究结果证实，技术创新网络能提高一个企业创新的发展。理论和实证结果指出在密集型网络中与技术不同的伙伴间组建网络有利于企业创新。因此，管理者应该参加技术创新网络，让企业嵌入这种结构中。虽然企业经常基于其技术能力选择其合作伙伴，但本书研究的结果表明企业从不同技术合作伙伴学习的能力要依靠网络封闭的程度。因此，企业一方面要积极与不同类型的组织建立合作关系；另一方面企业应该加强与其他相关企业的合作，促进交流，以提升其创新绩效。

（二）研究局限与未来研究方向

虽然技术创新网络对成员企业创新的影响一直是学者们关注的热点，现有基于结构嵌入和资源基础观视角的研究仅从成员对信息的接触或理解单一视角展开研究。网络结构方面的研究中心辩论点围绕哪种网络结构更能提供信息优势：开放的、富有结构洞的稀疏结构，或者是拥有许多共同第三方关系的密集网络结构？（Ahuja，2000；Gargiulo & Benassi，2000；Burt，2005）。开放网络被认为有助于形成获取异质信息优势（Burt，2004），因为从互不联结的各方，即通过结构洞获取的信息可能不具有冗余性。相反地，嵌入封闭的、密集的网络被认为可以获取详尽、深入的，更容易被解释的信息。然而，开放网络中的成员可以获取异质性信息，但也可能在理解方式方面存在限制（Shipilov & Li，2008）。因为开放网络中信息提供者可能很少提供有助于理解信息的背景（Aral & Alstyne，2011），也缺乏信息准确性和无偏见的激励。（Schilling & Fang，2014）。有关开放性网络和结构洞的文献很大程度上缺乏有关开放网络成员如何有效吸收它们获取的异质性信息方面的研究。现有相关研究将成员的理解能力作为一个外在的决定因素，而不是作为网络结构与组成的作用。乌兹（Uzzi，1996）认为，封闭关系特别是封闭网络中成员的重复互动会使成员间想法和见解趋同的风险。而在企业创新过程中，企业不仅需要接触有益信息，更需要有效理解信息，因此，有必要同时考虑网络结构开放性与知识多样化，将成员的理解能力内化于网络结构，以完全理解成员如何获得并有效理解多样化信息。

第二节　技术创新网络结构对企业创新产出影响的进一步研究

本节在以上分析的基础上，采用特瓦尔等（Ter Wal et al.，2016）的研究框架，将成员的理解能力内化于网络结构，以成员对信息的接触和理解为研究主线，从网络封闭性和知识多样化两个方面研究技术创新网络结构对企业创新绩效的影响。

本节从分析企业关系需求、关系识别、关系拓展等方面入手，分别分析开放—封闭技术创新网络结构在企业关系识别、构建中的差异性作用。通过分析企业对外部知识的获取、利用过程，探索不同技术创新网络成员相似性在知识交互中的作用；在此基础上，从分析企业间沟通、理解和异质知识吸收等方面入手，探索网络封闭—专业化、封闭—多样化、开放—专业化和开放—多样化等不同技术创新网络配置对企业创新产出的作用，揭示技术创新网络结构对企业创新产出的作用机理。进一步地，从分析网络中不同位置结点的行为差异入手，分别研究不同网络配置和企业网络位置的交互作用对企业创新的影响，探索企业在不同网络位置情境下，技术创新网络结构对企业创新的影响差异，揭示技术创新网络中心性在技术创新网络结构对企业创新产出影响过程中的作用机理。完成 T+1 阶段的研究。根据相关文献的回顾与理论梳理，构建以下模型（见图 6-1）。

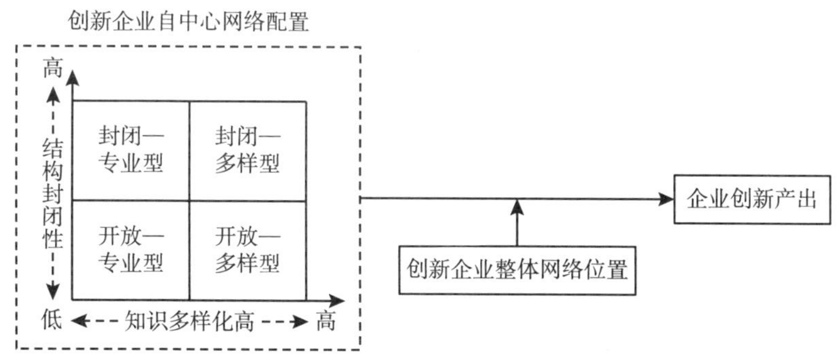

图 6-1　技术创新网络结构对创新产出影响模型

一、理论与假设

（一）开放技术创新网络

开放—专业化技术创新网络是由低程度的网络封闭性和低程度的知识多样化组成的技术创新网络结构，开放性技术创新网络可以将非冗余的异质性信息提供给网络内的成员企业（徐研和刘迪，2020），知识的专业化可以激发技术创新网络内成员企业之间的知识共享，并提高彼此理解信息的能力（Eric & Terri，2000），开放性网络结构和知识的专业化相匹配从而形成互补，有利于企业创新绩效的提高。

首先，开放—专业化技术创新网络可以为网络中的成员企业提供信息方面的优势。一方面，在开放技术创新网络中，存在大量的稀疏的、弱联结关系。弱联系理论（Granovetter，1973）指出，网络中的弱联结联系了本来没有联系的群体或者个人，可以为他们提供新颖的、非冗余的信息。彼此存在弱联结的技术创新网络成员企业之间关系疏远、沟通的频率较低，信息交换在企业间不够充分，这就使企业间可能为彼此提供新颖知识。另一方面，开放性技术创新网络中具有很丰富的结构洞，结构洞理论（Burt，1992）指出，具有丰富结构洞的网络可以为成员提供非冗余的异质性信息。开放技术创新网络中，充当结构洞角色的企业拥有快速获得新知识与信息的能力，可以使企业接触多样化的信息。开放的技术创新网络结构便于成员企业获得其创新过程中必需的多样化的信息、知识与资源，由于开放技术创新网络成员企业能够接触更多多样化信息，因此会拥有资源与信息控制方面的优势，促进了创新绩效的提高。

其次，开放—专业化技术创新网络有利于成员企业间的知识转移。在开放—专业化技术创新网络中，成员企业关注的是特定领域内的知识，与知识转移在不同知识领域之间发生相比，来自某一个特定领域内的专业化的知识更可能在企业间得到共享。由于开放—专业化技术创新网络中的成员企业关注的是同一个知识领域，因此技术创新网络内的成员企业能够从彼此相似的经历当中得到更高水平的信任，更可能建立相互的信任关系（Sorenson & Stuart，2001）。这种建立在相似性基础上的信任关系提高了成员企业间知识与信息的分享意愿，有利于网络中知识与信息的转移，因此网络中的成员企业可以更方便地应用网络信息，提高企业的创新绩效。

最后，开放—专业化技术创新网络可以提高成员企业理解信息方面的能力。技术创新网络中的知识专业化有利于网络成员企业综合理解并消化所获取的新信息，扩大其知识库（Levinthal，1990），提高企业整合新知识方面的能力，从而更为深入地解决所遇到的问题。开放—专业化技术创新网络中接收信息企业接收的新信息和源自相近领域的先验知识重叠，使接收信息的成员企业在不存在共同第三方的条件下也可以理解网络内的多样化信息，从而可以制定相应的高质量战略决策，最终提高企业的创新绩效。

而开放—多样化技术创新网络是低程度的网络封闭和高程度的知识多样化组合而成的技术创新网络结构。相比开放—专业化技术创新网络，尽管多样化知识会为企业创新过程创建有利条件，但创新网络中的成员企业所接触的信息和其之前的先验知识基本没有冗余，因而缺少对多样化信息进行理解的重叠的先验知识或者共享模式，从而网络中可能存在信息过载的风险。倘若网络中的信息无法被成员企业有效地消化和吸收，那么网络中即使存在非常丰富的多样化信息，也无法帮助企业创新。

基于上述分析，开放—专业化技术创新网络具有获取并理解多样化信息的优势，相反地，开放—多样化技术创新网络则存在信息过载的风险，因此开放—专业化技术创新网络比开放—多样化更优，开放—专业化技术创新网络在开放技术创新网络情境下属于最优的网络结构组合。因此，本书提出以下假设。

H6-3a：开放技术创新网络中，与开放—多样化网络结构相比，开放—专业化技术创新网络结构更有利于提高成员企业的创新绩效。

（二）封闭技术创新网络

封闭—多样化技术创新网络是高水平的网络封闭性和高水平的知识多样化组合成的网络结构，网络中的知识多样化提高了网络信息的多样化（Phelps，2010），而封闭网络提高了成员企业之间的交互频率，能够实现企业之间创新知识的共享与转移，提高了成员企业吸收整合知识的能力，封闭的创新网络结构和多样化的网络知识匹配而形成互补作用，从而有助于成员企业创新绩效的提高。

首先，封闭—多样化技术创新网络在信息方面具有优势。网络中知识多样化可以为成员企业提供丰富的或者是非冗余的知识，提高网络中成员企业所获知识的新颖水平，从而提高成员企业的创新绩效（Goerzen & Beamish，2005）。封闭—多样化技术创新网络中的成员关注不同知识领域，源于不同领域的成员企业在知识和经验方面存在差异，接触源于不同领域的新见解可以促使成员企业反思自身所在的知识领域，突破已有理论限制（Ghosh & Rosenkopf，2015），发现自有知识之间存在的新联系，从而为成员企业创新提供全新的视角，有利于企业创新能力的提高。

其次，封闭—多样化技术创新网络可以促进企业间的知识转移。拥有密集联结的封闭性网络可以有利于网络内形成合作规范，使成员企业之间的信息交流更为对称，网络中成员企业之间的合作与交流的频率得到提高，相互的信任关系得以建立，机会主义行为得到制裁，企业自发与合作伙伴分享资源的意愿得到激发，从而促进了隐性知识在技术创新网络中的传播与共享，提高知识转移水平，更有助于提高企业的创新能力与创新绩效（Capaldo，2007）。

最后，封闭—多样化技术创新网络可以提高成员企业的信息理解能力。封闭技术创新网络中，密集网络构成的三元结构体现了技术创新网络成员企业的集体认知，因为存在共享第三方，因此可以通过冗余的联结辨别与推断自己所拥有知识的准确性（Gavetti et al.，2015）。企业间的这种相互理解信息的模式实际是一种分散式的认知过程，该模式更为适用于密集且具有异质化特性的网络，这样网络中的成员企业可能会用差异性方式理解同样的信息，而且采用三角测量方法得到对源于不同领域的相同信息的多角度的描述，从而使自身辨别与吸收信息方面的能力得到提高，并且可以更好地应用这些知识，从而有利于企业创新绩效的提高。

封闭—专业化技术创新网络是高网络封闭性和低知识多样化组合而成的创新网络结构，相对于封闭—多样化网络，此种强关系与相近知识组成的紧密而同质化的技术创新网络虽然可以促进知识转移，但是这种网络内可能存在知识的高度冗余性，缺少非冗余信息的持续涌入，群体思维可能会限制网络成员，产生过度网络嵌入的缺陷。因为封闭—专业化技术创新网络中缺少非冗余信息，网络内的成员没办法克服过度网络嵌入的缺陷，因而网络成员企业在提升自身创新方面存在困难（Wang & Rodan，2014）。

综上分析，封闭—多样化技术创新网络在获取理解多样化信息方面具有优势，而封闭—专业化技术创新网络具有过度网络嵌入的缺陷，因而封闭—多样化技术创新网络比封闭—专业化技术创新网络更优，在封闭网络情境中属于最优结构组合。因此，本书提出以下假设。

H6－3b：与封闭—专业化技术创新网络相比，嵌入在封闭—多样化技术创新网络中更有利于企业创新绩效的提高。

（三）技术创新网络中心性的调节作用

在技术创新网络中，中心度代表了企业在网络中的联结关系、社会声望和突显程度，高中心度表征了企业的核心地位，低中心度则表征了企业的边缘位置。中心位置使企业拥有大量的网络联系和知识流，但是中心度的作用对于四种网络配置存在显著差异。

首先，当企业处于技术创新网络中心位置时，企业利用其地位优势可以构建一核多元型的网络结构，同时可以利用其自身强大的资源储备，对其他的网络成员有足够的控制力，在网络成员之间有更充分的经验渗透能力以及资源融合能力，企业利用这种能力能够巩固成员企业之间的关系和网络的边界。此时，焦点企业更愿意维持当前稳定而有序的技术创新网络结构，阻碍新成员进入，其他公司更容易信任网络中心位置公司并乐于与之建立联系，加强网络联结的密集性和封闭性。

其次，中心度高的企业在加强直接联系的同时，也促进其他伙伴间的交互（董建卫和施国平，2019）。其他处于较低位置的企业可以通过处于中心位置公司的信息渠道实现在网络内部广泛地传递信息，快速提高自身在网络中的知名度，增进了处于低位置的公司与网络中潜在合作伙伴之间的相互了解，进而为处于低位置的公司构建并优化自身网络关系提供了更多机会。最终加强了合作伙伴之间的沟通与交流，促进了网络的封闭性。

基于以上分析，中心度高的企业加强了网络联结的密集性和封闭性，对最优网络配置产生以下作用。首先，使多样化伙伴间的联系更加频繁，加强了封闭—多样化网络的积极作用，促进了伙伴间知识的理解和信息的传递，从而强化了创新封闭—多样化技术创新网络对企业创新绩效的作用；其次，技术创新网络中心性使开放—专业化网络向封闭—专业化网络转换，造成企业的网络过度嵌入，从而使知识重叠严重，影响了知识和信息的有效传递，使开放—专业化技术创新网络对企业创新绩效的影响减弱。因此，本书提出以下假设。

H6－4a：高中心位置强化了开放—专业化网络对创新绩效的作用。

H6－4b：高中心位置弱化了封闭—多样化网络对创新绩效的作用。

二、研究方法

（一）样本选择与数据收集

本节使用的主要数据分为三个部分：企业创新合作数据、企业产出数据和企业基本财务数据。与第四章一致，本节的企业创新合作数据来源于国家重点产业专利信息服务平台，选择电子信息产业专利数据构建技术创新网络，数据的时间范围为2006年1月1日~2015年12月31日。

本节数据筛选和处理方式如下：（1）下载两个及两个以上电子信息产业企业共同申请专利的文摘。（2）删除外国或中国港澳台地区国省代码的专利数据。（3）剔除行业内不同年份只出现一次的企业。这样可以避免一些企业由于突然进入或退出影响技术创新网络。（4）构建时间窗。有关社会网络的研究经常利用变量在过去某个时间段的表现作为这些变量在当前时间段的测度（Wang & Rodan，2014）。在此类研究中，学者们一般采用3年或5年作为时间窗（贡文伟和袁煜，2020；杨靓等，2021），本节同样采用3年时间窗，即用过去3年内（t－3~t）的数据反映当前（t）的关系状态。企业间联合申请中国发明专利被认为存在合作关系，并据此形成企业间合作关系的邻接关系矩阵，生成该时间段内的合作关系网络。

（二）变量测度

1. 因变量的测度

企业创新绩效：本节利用发明专利的申请数（patent）来测度企业创新绩效。现有研究主要利用专利数量、新产品销售量以及研发投入等指标来测度企业创新绩效（董建卫等，2016）。但是目前只有上市公司会强制披露研发投入和产品销售量等数据，而创投公司所投资的企业多数为没有上市的初创企业，获取有关的财务数据方面存在困难。专利数据的披露源自国家知识产权局，这就使相关数据相对容易获得，而且具有一定的权威性。《专利法》规定，中国专利分为实用新型专利、外观设计专利和发明专利三种类型。发明专利是对产品、方法或其改进所提出的新的技术方案，与实用新型专利与外观设计专利相比较，其技术含量与创新价值更高。此外，发明专利除需要进行初步审查外还要接受实质审查，而且其拥有20年的保护期，而实用新型专利和外观设计专利不需要实质审查，专利保护期为10年，因而发明专利被认为“含金量”较高。因为专利申请数量更可以体现企业当期的研发能力与活跃程度，因而本节选择发明专利申请数量来测度企业创新绩效。

2. 自变量

技术创新网络封闭性：本节与第五章相一致，借鉴特瓦尔等（Ter Wal et al.，2016）的研究，用焦点企业的网络密度来测量网络封闭性。即运用合作成员间的实际联结数比理论上的最大联结数来计算，具体公式如公式5－1所示。

技术创新网络知识多样化：知识多样化用来衡量网络成员知识专业化和多样化，可以通过计算企业在不同技术知识领域的资源分配比率来表示。同样与第五章一致，本节借鉴魏龙和党兴华（2017）的研究，利用不同类别专利占比的信息熵值来测度，其取值范围0～lnn，越趋近于0说明知识多样化程度越低，越趋于lnn说明知识多样化程度越高。具体公式如公式5－2所示。

3. 调节变量

技术创新网络中心性：对于网络中心性的衡量，现有研究通常包括入度中心性、出度中心性、特征向量中心性、接近中心性和程度中心性，其中，特征向量中心性是对核心成员在网络中地位的整体衡量，符合本书的要求，因此本节选择特征向量中心性作为调节变量网络中心性的衡量指标。

4. 控制变量

由于本节的研究内容为技术创新网络对企业创新绩效的影响研究，因此所选择的控制变量需要考虑被投企业的相关因素。参考现有研究成果并考虑到数据的可获得性，本节选取以下控制变量。

（1）企业年龄，表示企业的资历与经验，企业的知识储备会随着其年龄的增大增多，这可能会对企业所在的技术创新网络结构产生影响，用变量“t－企业成立年份”表示。

（2）企业的个体网络规模，表征焦点企业可以接触到资源的丰富水平，会影响网络成员间的互动范围，从而可能影响企业技术创新网络结构。用时间窗内焦点企业所在的个体网络结点数表示。

（三）实证分析与结果

本节利用负二项回归模型验证技术创新网络对企业创新绩效的影响，实证检验的结果如表6－10所示。

表6－10　技术创新网络对企业创新绩效回归分析

项目	模型1	模型2	模型3	模型4	模型5	模型6	模型7	模型8	模型9
企业年龄	0.097*** (9.25)	0.052*** (5.04)	0.040*** (3.97)	0.172*** (10.39)	−0.003 (−0.23)	0.142*** (7.74)	0.142*** (7.84)	−0.004 (−0.39)	−0.001 (−0.03)
个体网络规模	0.798*** (12.32)	0.543*** (9.73)	0.552*** (9.68)	0.694*** (9.97)	0.186 (1.39)	0.632*** (8.71)	0.657*** (8.76)	0.129 (1.00)	0.093 (0.70)
创新网络封闭性		−2.563*** (−9.91)	−5.692*** (−12.93)						
创新网络知识多样化		0.805*** (4.66)	−3.203*** (−8.00)	−0.837*** (−3.49)	1.894*** (8.59)	−0.605** (−2.41)	−0.375 (−1.48)	1.802*** (8.92)	1.377*** (4.42)
创新网络封闭性×创新网络知识多样化			4.894*** (9.84)						
创新网络中心性						0.222*** (2.88)	0.145* (1.85)	0.381*** (6.09)	0.458*** (5.87)
创新网络知识多样化×创新网络中心性							−0.587*** (−3.61)		−0.933* (−1.81)
常数项	1.182*** (7.05)	3.917*** (10.58)	6.532*** (13.70)	1.116*** (3.56)	2.118*** (6.00)	1.373*** (4.22)	1.137*** (3.53)	2.372*** (6.88)	2.741*** (6.77)
N	1 256	1 256	1 256	545	711	545	545	711	711
Pseudo R^2	0.051	0.058	0.064	0.061	0.016	0.062	0.064	0.025	0.026

注：* 表示 $p<0.1$，** 表示 $p<0.05$，*** 表示 $p<0.01$。

表6－10中，共构建9个子模型。其中，模型1验证控制变量与企业创新绩效之间的关系。模型2验证技术创新网络封闭性、知识多样化分别与企业创新绩效之间的关系。模型3验证技术创新网络封闭性和知识多样化的交互项与创新绩效之间的关系。模型4与模型5首先依据网络封闭性的均值对样本进行分割，将网络分为开放网络与封闭网络两个样本；其次验证不同网络结构组合与企业创新绩效之间的关系。模型中技术创新网络封闭性与知识多样化的交互作用能够促进企业创新绩效。模型4的结果显示，在开放网络情境下，嵌入专业化技术创新网络比嵌入多样化技术创新网络中更可能提高企业的创新绩效，验证了H6－3a。类似地，模型5中，在封闭网络情境下，嵌入多样化技术创新网络比嵌入专业化技术创新网络更可能提高企业的创新绩效，验证了H6－3b。为验证技术创新网络中心性在其中的调节作用，根据技术创新网络封闭性均值对样本进行分割，模型6与模型7为开放网络样本，模型8与模型9为封闭网络样本。模型6结果表明，在开放技术创新网络中，知识多样化与企业创新绩效之间具有显著的负相关关系（$\beta = -0.605$，$p < 0.05$），技术创新网络中心性与企业创新绩效之间具有显著的正相关关系（$\beta = 0.222$，$p < 0.01$）。模型7加入技术创新网络中心性，结果显示，知识多样化与技术创新网络中心性的交互项对企业创新绩效具有显著的负向作用（$\beta = -0.587$，$p < 0.01$），表明高中心位置强化了开放—专业化网络对企业创新绩效的作用，H6－4a得到验证。模型8结果表明，在封闭技术创新网络中，知识多样化与企业创新绩效显著正向相关（$\beta = 1.802$，$p < 0.01$）。模型9验证技术创新网络中心性的调节效应，结果显示，知识多样化与技术创新网络中心性的交互项对企业创新绩效具有显著的负向作用（$\beta = -0.933$，$p < 0.1$），表明高中心位置弱化了封闭—多样化网络对企业创新绩效的作用，H6－4b得到验证。

三、研究结果与讨论

在企业创新过程中，企业不仅需要接触有益信息，更需要有效理解信息，本节采用特瓦尔等（Ter Wal et al.，2016）的研究框架，将成员的理解能力内化于网络结构，以成员对信息的接触和理解为研究主线，从网络封闭性与知识多样化两个方面探索技术创新网络结构如何影响企业创新绩效，并探析技术创新网络中心性在此过程中的调节作用。得出以下结论。

开放技术创新网络中的知识多样化显著负向影响企业创新绩效。即在开放技术创新网络中，与开放—多样化网络相比，处于开放—专业化技术创新网络中的企业的创新绩效更好。一方面，开放—专业化技术创新网络可以促进网络成员中的知识转移。在开放—专业化技术创新网络中，成员企业聚焦于特定的知识领域，与不同知识领域间进行知识转移相比，成员企业之间更可能分享某一特定领域中的专业化知识。由于开放—专业化技术创新网络中的成员关注同一个知识领域，因此，企业可以基于相似经历产生更高水平的信任，更可能建立起相互信任的互动关系。该种源于相似性产生的信任关系使技术创新网络中成员共享知识与信息的意愿得到加强，从而有利于知识与信息的转移。技术创新网络中的成员企业因此可以更好地应用这些网络信息，提高其创新绩效。另一方面，开放—专业化技术创新网络可以提高成员企业理解信息的能力。技术创新网络中知识专业化能够提高网络成员对所获信息的综合理解与消化能力，使成员企业的知识库得到扩大，整合知识的能力得到增强，可以更为深入地解决问题。开放—专业化技术创新网络中接收信息的成员所获取的信息和源于相似领域的先验知识重叠，这样信息接收成员企业可以在不存在共享第三方的条件下理解来自网络的多样化信息，制定较高质量的战略决策，从而使成员企业的创新绩效得到提高。

封闭技术创新网络中的知识多样化促进企业创新绩效的提高。即在封闭技术创新网络中，与封闭—专业化技术创新网络相比，处于封闭—多样化技术创新网络中的企业创新绩效更好。在封闭技术创新网络中，封闭—多样化技术创新网络是高水平网络封闭和高水平知识多样化配置而成的网络结构，技术创新网络知识多样化提高了技术创新网络中信息的多样化水平，封闭技术创新网络加强了成员之间交流的频率，从而使知识共享与转移得以实现，并提高了网络成员企业吸收整合知识的能力，因此，封闭网络结构和网络知识多样化匹配组合形成互补，促进了企业创新绩效的提高。首先，封闭—多样化技术创新网络在信息方面具有优势。技术创新网络知识多样化可以为成员企业提供多种类的或者是非冗余的知识，以此增加网络成员所获取知识的新颖程度，从而提高企业的创新绩效。封闭—多样化技术创新网络成员关注不同的知识领域，源于不同领域的网络成员拥有异质的知识和经验，源自不熟悉知识领域的新见解可以使成员企业反思自身所在的知识领域，突破已有理论的禁锢，在原有的知识之间产生新的联系，使企业可以从新的视角去解决问题，从而促进企业创新能力的提高。其次，封闭—多样化技术创新网络可以促使知识有效转移。拥有密集联结的封闭技术创新网络可以促使网络中形成合作规范，使网络成员之间的信息更为对称，这样可以提高成员之间的交流频率，构建起相互信任的关系，有利于限制网络中可能发生的机会主义行为，提高网络成员分享知识与信息的意愿，促进了技术创新网络中隐性知识的传播和共享，提高知识转移效率，最终提高企业创新能力与企业创新绩效。另外，封闭—多样化技术创新网络可以提高网络成员理解信息的能力。封闭网络中的紧密联结构成的三元联结体现了成员企业的集体认知，因为网络中存在共享第三方，可以借助网络中存在的冗余联结辨识并推断自身所拥有知识的准确性。该种交互的理解模式属于分散式的认知过程，在紧密且多样的网络中更加适用，企业可以通过不同的方式去对相同的信息进行理解，并借助三角测量的方式对不同来源同样的信息从多视角进行描述，从而提高自身辨识与吸收信息方面的能力，并更好地应用这些知识，最终提高企业创新绩效。

技术创新网络中，高中心位置强化了开放—专业化技术创新网络对企业创新绩效产生的影响。高中心位置弱化了封闭—多样化技术创新网络对企业创新绩效产生的影响。一方面，当技术创新网络中的成员位于网络的中心位置时，成员企业可以凭借其位置方面的优势构建以自我为中心的一核多元网络结构，网络中心位置的企业凭借其强大的资源储备，可以把控其他网络成员，使合作伙伴间更加充分地进行经验的渗透与资源的融合，从而巩固合作伙伴间彼此的关系与网络的边界。这时，中心位置的企业更愿意保持目前已有的稳定有序的网络结构，潜移默化中会限制新成员的进入，其他企业更容易信任网络中心位置企业并乐于与之建立联系，加强网络联结的密集性和封闭性。另一方面，中心度高的成员企业在加强直接联系的同时，也促进其他伙伴间的交互。其他较低位置的企业可以通过高中心企业信息渠道在网络内广泛传播信息，迅速提升自己在网络中的可视度和知名度，增进了低位置成员企业与网络内潜在合作者的彼此了解，进而为低位置成员企业网络关系构建和优化提供更多机会。从而加强了合作伙伴之间的沟通与交流，促进了网络的封闭性。因此，中心度高的企业使多样化伙伴间的联系更加频繁，加强了封闭—多样化网络的积极作用，促进了伙伴间知识的理解和信息的传递，从而强化了创新封闭—多样化网络对企业创新绩效作用。而且，企业网络中心性使开放—专业化网络向封闭—专业化技术创新网络转换，造成企业的网络过度嵌入，从而使知识重叠严重，影响了知识和信息的有效传递，使开放—专业化技术创新网络对企业创新绩效的作用难以持续。

第七章

企业创新产出对创投网络结构的影响研究

创业投资以高风险与高收益为其主要特点，创业投资公司向具有高风险特性的技术创新领域投入资本，在促进企业技术创新产出提高的同时，创业投资公司自己也会获得高额的利润回报。企业高水平的技术创新产出可以为创业投资公司带来非常可观的利润。已有研究表明，1980～2000年，美国的创投公司在退出时获取的利润在1.12～5.12倍。因而创业投资的发展动力源于两个方面：企业技术创新中对融资的旺盛需求与技术创新产出带来的高收益，这两个方面促使创投公司得到了持续的发展。

随着创业投资的发展，联合投资逐渐成为创投公司进行投资的主要方式。联合投资在世界各地区得到了广泛的应用，创投网络逐渐成为创业投资的一种普遍形式。一方面，创投网络可以帮助创投公司积累更多的有关培植项目方面的信息和经验（蔡宁等，2015），可以提供给创投公司评估企业的“第二意见”，使创投公司借助选择机制筛选出最为适合的合作伙伴，从而有效地降低了投资风险（Casamattac，2007）。另一方面，创投公司可以从创投网络中接触到丰富的互补性资源，便于创投公司从创投网络中获得更多源自外部的知识，并将这些外部知识内化以增加创投公司内部的知识积累，从而可以有效地提高公司绩效与投资回报（陈思等，2017）。

然而，创投公司在筛选联合投资的合作伙伴时，通常对潜在的合作伙伴信息的了解非常有限，由于创投公司与潜在合作伙伴之间存在着信息不对称与逆向选择的问题，因而潜在合作伙伴的质量就需要应用其他的信息来进行推测。罗伊尔（Reuer，2012）的研究结果显示，与高质量风险企业合作可以通过信号的作用使创投公司的声誉得到提高，从而提高潜在伙伴和创投公司合作的可能性。企业技术创新产出可以衡量企业的技术质量，是企业质量不可观察的信号（Hoenig et al.，2015），那么，这种信号在创投公司选择合作伙伴与构建创投网络过程中是否会起作用？如果起作用会起到什么样的作用？对于这些问题的理解，可以为创投公司在选择合作伙伴时降低伙伴之间的信息不对称，应对逆向选择问题，构建有效的创投网络结构具有重要的现实指导意义。

对创新产出与创投公司之间的二元关系，学者们进行了大量的研究（Peneder et al.，2010；Hirukawa，2011），并有少数研究开始探讨企业创新对创投网络的影响作用。这些研究关注的焦点主要集中于创新绩效如何影响创投公司的联合投资以及创新绩效如何影响创投公司的声誉。已有研究普遍认为，高水平的创新绩效可以有效地吸引创业投资（Hoenig et al.，2015；Kavusan et al.，2019），使创投公司的网络声誉得到提高（Hsu，2006；Ertug et al.，2013）。然而，网络结构主导网络中的资源与信息的分配和活动，网络结构是网络成员对信息拥有水平的主要决定原因，企业的创新产出对优化其投资公司所在的创投网络结构是否起作用？如果起作用，还有哪些要素会作用于这样的作用过程？已有研究对于这些问题并未作出回应。因此，有必要从结构视角对创新产出与创投网络的关系进行理论探索。

理论和实践均表明，从网络结构视角探讨风险企业创新产出如何影响投资公司所在的创投网络结构，对于提高我国创投网络运行效率，改善我国创投公司的投资绩效具有重要的参考价值与现实指导意义。综合以上原因，本节基于理论与现实的需求，研究风险企业创新产出如何影响创投公司所在的创投网络结构。第一，研究企业创新产出如何影响创投网络结构；第二，探讨创投网络中心性如何调节企业创新产出与创投网络结构之间的关系；第三，收集相关数据，对本节理论分析所提出的相关假设进行实证检验，并得出本节的研究结论。主要结论有：第一，高水平的企业创新产出更可能促使创投公司建立开放—专业化的创投网络结构；第二，高水平的企业创新产出更可能促使创投公司建立封闭—多样化的创投网络结构；第三，创投公司网络中心性在企业创新产出与开放—专业化创投网络结构关系中起到正向调节的作用；第四，创投公司网络中心性在企业创新产出与封闭—多样化创投网络结构关系中起到正向调节作用。

第一节　理论分析与研究假设

本章同样采用特瓦尔等（Ter Wal et al.，2016）的研究框架，将创投网络成员的理解能力内化于网络结构，以成员创投公司对信息的接触和理解为研究主线，研究被投企业对创投网络结构的影响，并分析创投网络中心性在此过程中的调节作用。根据相关文献的回顾与理论梳理，建立本章的理论模型，主要包括以下两步。

（1）企业创新产出对创投网络结构的影响。基于信号理论与资源基础理论，探讨不同水平企业创新产出的企业通过其资源方面的优势与可见性方面的差异如何影响创投公司搜寻异质信息与建立合作关系，从而研究被投企业创新产出对创投公司网络结构的作用。

（2）创投公司在创投网络中的中心性的调节作用。通过分析创投公司网络中心性的信息优势与可见性优势，探索创投网络中心性在企业创新产出与创投网络结构关系中的调节作用，构建本节的理论模型，如图7－1所示。

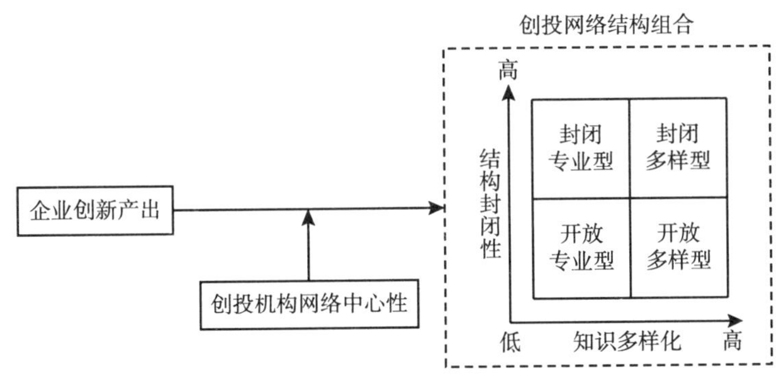

图7－1　创新产出对创投网络结构的影响模型

一、企业创新产出对创投网络结构的影响

（一）开放创投网络

低程度的网络封闭性与低程度的知识多样化组合成开放—专业化创投

网络。开放网络结构为网络成员提供非重复的异质化信息（Burt，2004），知识专业化提高了网络成员对信息的理解能力，有利于网络内企业成员之间知识共享效率的提高（Granovetter，1973）。高创新产出水平的企业不仅促使创投公司位于网络中的结构洞位置，而且也可以吸引拥有相近知识经验的创投公司跟其合作。即开放网络结构与专业化知识匹配形成优势互补，从而有利于成员创投公司的发展。

第一，高水平创新产出的企业促使创投公司位于网络中的结构洞位置。创投公司在筛选潜在合作伙伴时通常对潜在合作创投公司的信息掌握甚少，判断合作创投公司的质量需要通过额外的信息。此时为了减少这种信息的不对称，可以利用事先观察到的信号来进行辨别（薛超凯等，2016）。创新产出表征被投资的企业的技术实力与发展潜力。拥有高水平创新产出的被投企业通常拥有独特的异质性资源，并且这种资源无法被模仿，这种资源特性导致了该企业和别的企业之间在可见性方面存在差异，使该企业具有较高的竞争力（张华，2012）。这种被投企业能够将其自身具有的质量与资源用信号的方式传递给与之合作的创投公司，使与之合作的创投公司的伙伴选择范围放大，从而创投公司拥有更大的伙伴选择空间供其选择，进而促使创投公司可以与更多的潜在合作伙伴进行合作，更可能在合作网络中居于结构洞位置。

第二，高水平创新产出的企业可以通过吸引相似知识经验的创投公司进行联合投资。依据“干中学”的理论，在投资企业的过程中，创投公司不但可以积累投资经验，而且可以获取到相关知识。高水平创新产出的企业使其创投公司能够长期在本领域或者本行业进行相关的投资活动，因而创投公司能够获得该领域或行业中丰富的、专业化的知识和经验，从而使拥有相似知识经验的创投公司与其进行合作（魏龙等，2017）。由于相似领域的创投公司之间的知识背景相似，在理解信息方面能够减少偏差，消除伙伴之间沟通方面的障碍，从而更愿意结成联盟，进行知识共享（Eric et al.，2000）。

基于以上分析，高水平创新产出的企业不仅可以使创投公司获取多样化资源与信息，更可能在网络中居于结构洞位置，而且能够促使拥有相似知识与经验的创投公司与其创投公司合作，最终形成开放—专业化创投网络结构。本书提出以下假设。

H7-1：高水平创新产出的企业更可能使其创投公司结成开放—专业化

的创投网络。

（二）封闭创投网络

高水平网络封闭性和高水平知识多样化组成封闭—多样化创投网络。封闭的创投网络结构一方面能够减少机会主义行为；另一方面也能够增加传播途径，降低认知方面的压力（Coleman，1990），而网络知识多样化能够弥补知识专业化导致的能力方面的缺陷（魏龙等，2017）。高水平创新产出的被投企业既可以提高创投公司所在的创投网络的结构封闭性，也可以促使异质的创投公司进行联合投资，从而改善创投网络结构。

首先，高水平创新产出的被投企业增加创投公司所在的创投网络的封闭性。一方面，高水平创新产出的被投企业能够传递有关自身技术质量与资源的信号，并将该信号传递给创投公司，从而提高创投公司在创投网络中的声誉。而投资于较差质量的企业可能会损坏投资公司已经拥有的声誉。在创投市场上，如果新进的创投公司第一次能与声誉较高的创投公司进行联合投资，那么该新进创投公司以后在创投网络中会具有较高的中心性（Milanov et al.，2013）。即在创投网络中，跟拥有高声誉合作伙伴合作的创投公司在创投网络中也会拥有较高的声誉。因此，创投公司在筛选合作伙伴时更愿意与较高声誉的创投公司进行联合投资。另一方面，高水平创新产出的被投企业能够促进创投公司投资绩效的提高。较高的声誉与投资绩效提高了创投公司之间的信任水平，这种信任会提高合作伙伴之间的交互频率，从而促使创投公司所在的创投网络封闭水平的提高。

其次，高水平创新产出的被投企业能够吸引多样化创投公司进行联合投资。相比于创新产出表现一般的企业，创投公司更愿意向拥有高水平创新产出的企业进行投资（Eder，2010）。因此，拥有高水平创新产出的企业更能够吸引多样化创投公司为其提供资金，这样就使其创投公司所在的创投网络中的知识趋于多样化。

综上分析，拥有高水平创新产出的企业不但有助于增进创投公司合作伙伴之间的互动频率，增加创投网络封闭程度，而且可以吸引多样化创投公司进行联合投资，促使创投公司所在的创投网络知识趋向于多样化。本书提出以下假设。

H7－2：高创新产出的被投企业更有助于其创投公司形成封闭—多样化的创投网络结构。

二、创投公司网络中心性的调节作用

创投公司在创投网络中的中心性是一个重要的衡量指标，不仅能够度量创投网络中的成员创投公司的地位，还可以度量创投网络中成员创投公司在网络中拥有权力的大小。拥有高创投网络中心性的创投公司除投资绩效表现良好（李智超和卢阳旭，2015）以外，还在网络中拥有信息与控制方面的优势，更可以吸引潜在合作伙伴与其进行联合投资。因此，较高创投网络中心性的创投公司会积极影响到其与合作伙伴之间的合作，这种影响会进一步影响企业创新产出与创投网络结构之间的关系。

首先，虽然创新产出能够通过信号、信息优势等作用影响创投公司构建高效的网络结构，但当创投公司处于创投网络边缘位置时，创投公司不可能接触到大量的、拥有相似经验创投公司的信息与知识，因此即使被投企业创新产出较强，但其创投公司也无法与其他创投公司进行联结。随着创投公司在创投网络中中心性的提高，其他创投公司将会更倾向于与之建立合作关系，创投公司能够迅速发现与接近正在进行同行业投资活动的创投公司，从而有更多的机会接触到其他同类创投公司，在这种情境下，创新产出能够更有效地促使创投公司构建开放—专业化的创投网络关系。

其次，位于创投网络中心位置的创投公司在网络中的可见度更高、吸引力更大，会拥有广泛的、异质的联系，能够接触并获取其他机构难以接触的优质信息（Lin，2001）。因此，位于创投网络中心位置的创投公司为被投企业创新产出对封闭—多样化创投网络关系的作用提供了前提条件。此外，中心位置的创投网络更容易被其他位置的创投公司感知为可信，更可能与其合作伙伴形成稳定的关系，而排斥其他可能的选择。因此，创投网络中心度加强了被投企业创新产出对创投公司封闭—多样化创投网络关系的正向作用。

综上分析，位于创投网络中心位置的创投公司一方面通过增加创投公司对相似知识源的接触机会，加强了企业创新产出对开放—专业化创投网络的正向作用；另一方面位于创投网络中心位置的创投公司具有较高的可信度，加强了企业创新产出对封闭—多样化创投网络的正向作用。基于以上分析，本章提出以下假设。

H7 - 3a：创投公司网络中心性加强了被投企业创新产出对创投公司开

放—专业化创投网络的影响作用。

H7 -3b：创投公司网络中心性加强了被投企业创新产出对创投公司封闭—多样化创投网络的影响作用。

第二节　研究设计

一、样本选择和数据收集

本章以2006~2017年在电子信息产业有过投资活动的创投公司为研究样本。本章的数据来源主要有以下两类。

（1）创投网络数据。本节的数据主要源于清科数据库，重点关注的对象是创投网络，倘若缺少某个网络中的关键节点，那么网络中的原始关系与结构就有可能发生改变。根据袁方（1977）的研究结论，在做社会网络研究时，从整体网络来进行研究效果更好。因此本章将利用清科数据库，首先从其中下载2006年1月1日~2017年12月31日中所发生的所有投资事件，以此作为总体样本，然后构建3年移动时间窗构建本部分的创投网络。

（2）企业数据。本章同样选择具有市场化水平高、技术更新快等特点的电子信息产业企业数据，主要通过国家重点产业专利信息服务平台收集。在创投网络数据收集的基础上，选择被支持的电子产业企业为本章的研究对象。下载2006年1月1日~2017年12月31日中所选企业申请中国发明专利的文摘。

本章最后整理326家创投公司对160家被投企业1256轮次的投资数据作为最终的研究样本。

二、创投网络的构建

与第三章创投网络的构建方法类似，本章以创投公司作为创投网络的结点，以创投公司之间的联合投资行为作为创投网络联结，以3年移动时间窗作为创投网络边界，建立创投公司合作关系的邻接关系矩阵。关系矩阵中的行与列都表示创投公司，如果任意两个创投公司 i 与 j 在时间窗内至少进行过一次联合投资，则表示为 $X_{ij}=1(i\neq j)$，如果没有进行过联合投资，则表示为 $X_{ij}=0$。

创投网络的结点间联结的定义、边界确定、时间窗确定、网络构建方法、数据来源与变量测量如表 7－1 所示。

表 7－1　创投网络的构建与变量测量

项目	创投网络
时间窗确定	2006～2015 年内构建 3 年移动时间窗
结点间联结的定义	在时间窗内发生一次联合投资的创投公司便视为产生一次网络联结
数据来源	清科数据库
网络构建方法	用矩阵数据表示采集到的数据；采用 UCINET 软件生成各个变量
变量度量	网络封闭性、知识多样化

三、变量的测量

（一）自变量

企业创新产出：在企业发展的各项信息中，专利作为企业重要的无形资产，是最核心和最有价值的创新产出。专利受法律保护，而且具有排他性，专利的获取成本高、难以模仿、容易被外界观察和验证，因此，能够比较好地表征企业的实力与发展潜力。成为可以获取创投公司关注的有效信号。已有研究发现，创投公司对目标企业价值和核心的专利技术有明显的偏好，专利的数量会直接影响创投公司对企业的投资估值与投资决策。

由于本章研究创新产出与创投网络的关系，因此创新产出的测度选用被投企业发明专利申请数（patent）来测度。

（二）因变量

创投网络封闭性（VCNC）：本章对网络封闭性的测度同样用焦点网络创投公司的网络密度来表示。借鉴特瓦尔（Ter Wal，2016）等的研究结果，使用网络中创投公司之间实际拥有的关系数比理论上拥有的最大关系数计算，即：

$$VCNC_{i,t} = \frac{2L_{i,t}}{N_{i,t}(N_{i,t}-1)} \qquad (7-1)$$

其中，$VCNC_{i,t}$表示 t 年焦点创投公司 i 的网络封闭性，其最小取值为0，最大取值为1，取值越趋于1表明创投网络的封闭性越强；反之，开放性越强。$L_{i,t}$表示 t 年焦点创投公司 i 在个体网络中具有的实际联结数；$N_{i,t}$表示 t 年焦点创投公司 i 的个体网络中结点的数量，其理论上具有$\frac{N_{i,t}(N_{i,t}-1)}{2}$个联结数。

创投网络知识多样化（VCKD）：本章对知识多样化的测度同样使用投资于不同行业所占比重的熵指数来表示。熵值的最大取值为 lnN，最小取值为0，熵值越趋于0，表示该创投公司所从事的投资活动越集中于同一行业或同一领域，其知识的专业化水平越高，反之熵值越趋于 lnN，表示该创投公司的知识资源均匀分布于不同行业或领域，知识多样化水平越高。其计算公式为：

$$VCKD_{i,t} = \sum_{n=1}^{N} P_{i,n,t} \ln \frac{1}{P_{i,n,t}} \qquad (7-2)$$

其中，$VCKD_{i,t}$表示 t 年焦点创投公司 i 的网络知识多样化水平；n 表示专利的分类类型；$P_{i,n,t}$表示 t 年焦点创投公司 i 在专利分类 n 上发明专利数比所有专利数；N 表示专利分类的类别数量。

（三）调节变量

本章跟前面类似，同样采用特征向量中心性来测度本部分的调节变量——创投公司网络中心性。其计算公式为：

$$X_i = \frac{1}{\lambda} \sum_k a_{ki} \cdot X \qquad (7-3)$$

其中，$\lambda \neq 0$ 是一个常数。

（四）控制变量

本章研究企业创新产出与创投网络结构的关系，已有研究的结果显示，创投公司的从业时间、创投公司的投资阶段、创投公司的个体网络规模和投资的轮次等都会不同程度地影响创投公司选择伙伴的行为。因此本章采用创投公司从业时间、创投公司投资阶段、创投公司个体网络规模和创投公司投资轮次等作为本部分的控制变量。

（1）创投公司从业时间：创投公司的累积经验与资历往往会随着从业时间的不同而存在差异，贡帕斯（Gompers，1996）指出，年轻的创投公司更愿意通过与高质量的创投公司进行合作以在自短时间内提高其在整个行业中的声誉。因此，本章将创投公司从业时间作为控制变量以控制创投公司从业时间对创投网络结构的影响。从业时间用“t－创投公司成立年份”表示。

（2）投资阶段：企业的发展阶段决定其所需要的增值服务，创投公司有可能会依据所支持企业发展阶段来筛选潜在的合作伙伴。为控制创投网络结构所受到投资阶段的作用，本章参照相关研究，将投资阶段分为早期、发展期、扩张期和成熟期四个阶段，并分别赋值为1、2、3、4。

（3）创投公司个体网络规模：创投公司个体网络规模决定创投公司可以接触到的资源与信息，这可能会影响创投公司之间的合作关系。因此本章选择创投公司个体网络规模作为控制变量。用创投公司个体网络中所含创投公司的数量测度。

（4）投资轮次：创投公司在投资时通常不会一次性完成，基本的运作方式是分阶段进行投资。创投公司在投资时会谨慎选择自己进入的时机。因此本章选择投资轮次来控制其对创投网络的影响，用A=1；B=2；C=3；D=4来表示。

第三节 实证分析与假设检验

一、变量描述性统计分析与相关性分析

（一）描述性统计

实证研究之前需要对样本数据进行描述性统计，本章的统计结果如表7－2所示。由表7－2可以看出，企业专利申请数最小值和最大值分别为1和3 099，均值为50.03，说明其变化范围较大，而且大多数企业

的专利申请数较小，仅有少数企业专利申请数值较大，也就意味着企业创新能力存在较大的差异。创投公司从业时间最大值和最小值分别为152年和6年，均值为19.13，说明大多数创投公司比较年轻，仅有少数创投公司从业时间较长。创投公司个体网络规模最小值与最大值分别为1和418，均值为21，表明创投公司个体网络规模大多数较小。创投网络密度均值与标准差分别为0.459和0.312，说明创投网络密度存在一定的差异性。创投知识多样化的最大值与最小值分别为2.865和0.245，均值为1.701，说明创投网络知识多样化存在较大差异。投资阶段与投资轮次的均值分别为2.64和1.89。

表7-2　　描述性统计

变量	样本量	平均值	标准差	最小值	最大值
专利申请数	1 256	50.03	170.0	1	3 099
创投网络封闭性	1 256	0.459	0.312	0.0621	1
创投网络知识多样化	1 255	1.625	0.701	0.245	2.865
创投网络中心性	1 256	7.594	8.728	0.00100	44.51
创投公司从业时间	1 256	19.13	12.01	6	152
创投个体网络规模	1 256	20.94	27.81	1	418
投资阶段	1 256	2.64	0.83	1	4
投资轮次	1 256	1.89	1.20	1	4

（二）相关性分析

在进行假设检验之前通常进行相关性分析以对变量之间的关系进行初步的了解与判断。相关性分析一方面为进一步做回归检验做先验判断；另一方面还能够判断变量之间是否存在多重共线性问题。Pearson相关系数法能够展示所涉及变量中两两之间的相关性。因此，本章采用Pearson相关分析法对本章所涉及的变量进行相关性分析，结果如表7-3所示。由表7-3可以看出，所有相关变量间的相关系数绝对值均小于0.7，说明变量间不具有明显的多重共线性问题。

表 7-3　相关性分析

变量	(1)	(2)	(3)	(4)	(5)	(6)	(7)	(8)
专利申请数	1							
创投网络封闭性	0.0140	1						
创投知识多样化	-0.048*	-0.630***	1					
创投网络中心性	-0.02800	-0.611***	0.429***	1				
创投公司从业时间	0.048*	0	0.0089	0.112***	1			
创投个体网络规模	-0.0370	-0.510***	0.450***	0.596***	0.0200	1		
投资阶段	0.067**	-0.0160	-0.0270	-0.0300	0.0190	-0.060**	1	
投资轮次	0.290***	0.068**	-0.0470	0.00100	0.0460	-0.0170	0.069**	1

注：* 表示 $p<0.1$，** 表示 $p<0.05$，*** 表示 $p<0.01$。

二、假设检验

本章的解释变量为企业创新产出，被解释变量为创投网络封闭性和创投网络知识多样化的交互项，控制变量有创投公司从业时间、投资阶段、投资轮次与创投个体网络规模，调节变量为创投网络中心性。本章的实证研究分为以下两步：第一，验证企业创新产出对创投网络结构的影响；第二，验证创投网络中心性的调节作用。

表 7-4 为回归分析结果。

表 7-4　回归分析结果

变量	模型 1	模型 2	模型 3	模型 4	模型 5
创投公司从业时间	0.002*** (2.59)	0.004*** (2.69)	0.006** (2.21)	0.004*** (3.40)	0.003*** (2.69)
创投个体网络规模	0.005*** (3.39)	0.004*** (3.72)	0.002 (1.09)	0.005*** (3.69)	0.002 (1.40)
投资阶段	-0.003 (-2.06)	-0.001** (-2.09)	0.002 (1.02)	-0.001** (-2.19)	0.003 (1.00)
投资轮次	0.008*** (3.59)	0.015* (1.69)	0.013** (2.21)	0.018** (2.50)	0.020** (2.15)

续表

变量	模型 1	模型 2	模型 3	模型 4	模型 5
创新产出		0.091 *** (3.40)	0.072 *** (3.69)		
网络中心性 × 创新产出				0.030 *** (3.60)	0.024 ** (2.41)
常数项	0.849 *** (16.79)	0.521 *** (8.92)	1.420 *** (6.22)	0.521 *** (8.90)	1.420 *** (6.30)
N	1 245	186	116	186	116
R^2	0.146	0.107	0.047	0.107	0.047

注：*** 表示 $p<0.01$，** 表示 $p<0.05$，* 表示 $p<0.1$。

由表 7－4 可以看出。模型 1 为加入控制变量，检验控制变量与创投网络结构的关系。为验证企业创新产出与创投网络结构的关系，本章对样本数据进行分割。一方面，以网络封闭性平均值为标准，对样本数据进行分割，平均以下划分为开放网络，平均值或平均值以上的数据划分为封闭网络；另一方面，以网络知识多样化的均值为标准对样本数据进行分割，网络知识多样化小于均值划分为知识专业化网络，大于等于均值划分为知识多样化网络。模型 2 在模型 1 的基础上引入自变量企业创新产出，检验企业创新产出与开放—专业化创投网络结构之间的关系，结果表明，企业创新产出与开放—专业化创投网络具有显著的正相关关系（$\beta=0.083$，$p<0.01$），即高创新产出的企业其投资公司更可能构建开放—专业化创投网络，假设 7－1 通过验证。模型 3 在模型 1 的基础上引入自变量企业创新产出，检验企业创新产出与封闭—多样化创投网络的关系，结果表明，企业创新产出与封闭—多样化创投网络具有显著的正相关关系（$\beta=0.061$，$p<0.01$），即高创新产出的企业其创投公司更可能构建封闭—多样化的创投网络，假设 7－2 通过验证。模型 4 在模型 2 的基础上引入企业创新产出与创投网络中心性的交互项，检验创投网络中心性的调节作用，结果表明，企业创新产出与创投网络中心性的交互项与开放—专业化创投网络具有显著的正相关关系（$\beta=0.028$，$p<0.01$），即创投网络中心性在企业创新产出与开放—专业化创投网络关系中具有正向调节作用，假设 7－3a 通过了验证。模型 5 在模型 3 的基础上引入企业创新产出与创投网络中心性的交互

项，检验创投网络中心性的调节作用，结果表明，企业创新产出与创投网络中心性的交互项与封闭—多样化创投网络具有显著的正相关关系（β = 0.021，$p<0.05$），即创投网络中心性在企业创新产出与封闭—多样化创投网络关系中具有正向的调节作用，假设 7 – 3b 通过验证。

三、稳健性检验

为检验以上结果的稳定性，本章首先对研究结果进行稳健性检验。稳健性检验的常用方法有替换变量、增加部分重要控制变量或替换研究样本等。其次本章稳健性检验采用替换变量的方法进行。创新产出的度量除采用专利申请量之外，还能利用专利授权量、新产品的销售收入与产值率等。最后本章利用专利授权量替代专利申请量衡量企业创新产出进行稳健性检验，重复以上假设检验过程得出稳健性检验的结果。如表 7 – 5 所示。

表 7 – 5　稳健性检验结果

变量	模型 1	模型 2	模型 3	模型 4
创投公司从业时间	0.008*** (2.71)	0.007** (2.35)	0.004*** (3.40)	0.008*** (3.90)
创投个体网络规模	0.003*** (3.25)	0.003 (1.08)	0.004*** (2.69)	0.001 (1.29)
投资阶段	-0.003** (-2.18)	0.001 (1.21)	-0.002** (-2.37)	0.002 (1.01)
投资轮次	0.027* (1.78)	0.035** (2.19)	0.028** (2.45)	0.019** (2.25)
专利授权量	0.058*** (4.28)	0.063*** (3.59)		
网络中心性 × 专利授权量			0.025*** (3.59)	0.034** (2.42)
常数项	0.530*** (8.90)	1.511*** (6.59)	0.517*** (8.89)	1.489*** (6.58)
N	189	112	189	112
R^2	0.138	0.040	0.139	0.049

注：*** 表示 $p<0.01$，** 表示 $p<0.05$，* 表示 $p<0.1$。

表 7－5 的结果显示，虽然一些回归系数具有一定的变化，但检验结果并未发生本质变化，检验结果和之前的实证结果保持一致。

第四节　结论与展望

本章以 2006～2017 年 326 家创投资公司对 160 家被投企业 1256 轮次的投资数据为研究样本。实证研究企业创新产出对创投网络结构的影响，并探讨创投网络中心性的调节作用。得出以下结论。

首先，高创新产出的企业更可能使其创投公司结成开放—专业化创投网络。一方面，高创新产出的企业能够用信号的方式将其本身的质量与资源传递给创投公司，使创投公司潜在合作伙伴的选择范围扩大，当创投公司筛选合作伙伴时，拥有更大的选择范围，这样创投公司与其他合作伙伴更可能建立联结，从而更可能在创投网络中居于结构洞位置。另一方面，高创新产出企业使创投公司更可能吸引拥有相似知识与经验的合作伙伴与之进行结盟，这样能够降低创投公司之间相互理解的偏差，消除创投公司与合作伙伴之间存在的沟通障碍，从而使网络内的知识得以分享。开放性网络结构与专业化网络组合形成优势互补，能够使创投公司的投资绩效得以提高。

其次，高创新产出的企业更可能使其创投公司结成封闭—多样化创投网络。一方面，高创新产出的企业可以提高创投公司在创投网络中的网络声誉与投资绩效，较高水平的声誉与投资绩效提高了创投公司与伙伴之间的信任水平，从而提高了合作伙伴之间交往的频率，最终使创投公司所在的创投网络的封闭性提高。另一方面，高创新产出的企业更可能吸引多样化的创投公司进行投资。相比一般水平的企业，创投公司更愿意对高创新产出的企业进行投资。因此，高创新产出的企业更可能吸引多样化的创投公司对其进行投资，从而使创投公司所在的网络知识趋于多样化。封闭网络结构与多样化的网络知识组合形成优势互补，能够使创投公司的投资绩效得以提高，促进创投公司得到发展。

再次，创投网络中心性在企业创新产出与开放—专业化创投网络结构关系中具有正向调节作用。一方面，拥有高创投网络中心性的创投公司能够利用其位置优势帮助企业提高其创新产出，从而加强创新产出对开放—

专业化创投网络的作用；另一方面，拥有高创投网络中心性的创投公司能够接触更多的同类创投公司，从而使创新产出能更有效地促使创投公司构建开放—专业化的创投网络。

最后，创投网络中心性在企业创新产出与封闭—多样化创投网络结构关系中具有正向调节作用。一方面，创投公司的位置优势产生的地位与权力能够促使被投企业提高其创新产出，从而加强创新产出对封闭—多样化创投网络结构的作用；另一方面，高中心位置的创投公司具有更高的可见度与吸引力，因此能够接触更多异质信息。而且，高中心性创投公司更可能得到其他合作伙伴的信任，从而形成稳定关系。因此，创投网络中心性加强了企业创新产出对封闭—多样化创投网络结构的正向作用。

第八章

双网络互动机理的案例研究

遵循艾森哈特（Eisenhardt，1989）对案例研究的建议，采取理论抽样的方法，本章选择两对创投公司和被投企业，遵循案例研究的一般方法，本章主要采用清科数据库、专利数据库、与案例相关的网站及新闻信息等数据收集方法相结合，通过多种数据源保证研究的有效性与可信度。本章主要从两个方面分析相关数据：（1）通过单独分析两个案例以提炼案例中的关键投资事件以及联合投资网络的状态，这将作为进一步在案例间进行横向比较的基础；（2）在上述对单个案例分析的基础上，对两个案例进行横向比较并建构构念之间的内在逻辑关系。应用单案例单独分析与多案例比较的方法，能够避免由于受数据与信息限制所产生的错误性判断，最终使研究结果的可靠性得到提高。

第一节 研究方法

本章选择多案例研究方法验证研究的结论主要基于以下考虑。（1）本书是解释创投网络与企业技术创新网络之间的互动机理，而进行机理研究的有效方法之一就是案例研究；（2）多案例研究通过相互印证不同案例得出的结论，提高了研究的可靠性与可信度（许晖等，2014）。

一、样本

遵循艾森哈特（Eisenhardt，1989）对案例研究的建议，本章采用理论抽样的方法，选择两对创投公司和被投企业，选取的标准为：（1）这两对研究案例属于不同的行业，来自不同的地区，因而研究过程中能够对比两个案例以提高研究结果的一般性与普适性。本章所选取的两个案例中，A企业与B企业分别来自上海和江西，分别属于软件与信息技术服务行业以及照明行业。都属于具有持续增长潜力的行业，因此满足创投公司选择被投企业的基本原则。另外，这两个企业都属于所在行业内规模较大的领军企业，其成立年限都比较早，因此在相当程度上都具有一定的代表性。（2）在投资合作过程中，两家创投公司向被投企业都经过三轮以上投资，合作持续时间较久，创投公司与被投企业在合作过程中自身实力与构建网络的能力都在增强，各自所在的自身网络结构都在发生变化，这可以反映出创投网络与被投企业技术创新网络相互影响，有助于深入揭示创投网络与企业技术创新网络间的互动机理。

二、数据收集

在本章收集数据的过程中，遵循案例研究的一般方法，主要采用清科数据库、专利数据库与案例相关的网站和新闻信息等数据收集方法相结合，通过多种数据源保证研究的有效性与可信度。（1）本章基于研究对象确定的基础上，团队成员通过爱企查、企业主页网站等收集企业相关二手信息，了解投资机构和企业的基本情况。（2）通过清科数据库和国家专利局专利查询系统，结合企业新闻、重要讲话等网站信息，掌握创投网络与企业技术创新网络的互动过程。

三、数据分析

参照艾森哈特（Eisenhardt，1989）多案例研究方法的思想，本章主要从以下两个方面进行数据分析：（1）通过单独分析两个案例以提炼案例中的关键投资事件以及联合投资网络的状态，这将作为进一步在案例间进行横向比较的基础；（2）在上述对单个案例分析的基础上，对两个案例进行横向比较并建构构念之间的内在逻辑关系。应用单案例单独分析与多案例比较的方法，能够避免由于受数据与信息限制所产生的错误性判断，最终使研究结果的可靠性得到提高。

第二节 案例分析

本章依据收集的相关数据，对比了创业投资公司与企业多轮投融资合作过程及各个阶段的合作网络状态，目的是通过纵向的分析，深入揭示创投网络与技术创新网络的互动机理。

一、A 对创投公司网络与企业技术创新网络的互动

（一）A 对创投公司网络与企业技术创新网络的互动阶段划分

在纵向案例研究中，首先要进行时期的划分。清科数据库和相关网站数据显示，2001～2007 年 A 被投企业上市期间，A 创投公司对 A 被投企业共进行了三轮投资，按照 A 创投公司与 A 被投企业的互动和 A 被投企业的发展，可以把这一期间划分为三个阶段：（1）创投网络对技术创新网络的影响阶段（2001～2003 年），A 创投公司利用其所在创投网络优势通过"企业家平台"协助 A 被投企业构建网络和联盟；（2）技术创新网络对创新产出的影响阶段（2004～2005 年），A 被投企业通过参加联盟专利技术分享，专利申请数量实现从无到有的跨越，A 被投企业在 2004 年推出第一块 TD 芯片，获得"中国芯"的称号；（3）创新产出对创投公司的影响阶段（2006～2007 年），KTB、LB 投资、上实投资、北极光知名创投公司与 A 创投公司联合投资 A 被投企业，使 A 创投公司所在的创投网络结构发生改变。

表 8－1 列出了 A 对投融资主体的投融资及互动过程。

表 8－1　A 对企业的投融资及互动过程

项目	第一时期（2001～2003 年）	第二时期（2004～2005 年）	第三时期（2006～2007 年）
投资阶段	第一轮投资	第二轮投资	第三轮投资
发展阶段	初创期	成长期	扩张期
互动关系	创投网络对技术创新网络的影响	技术创新网络对创新产出的影响	创新产出对创投网络的影响

续表

项目	第一时期（2001～2003年）	第二时期（2004～2005年）	第三时期（2006～2007年）
主要表现	通过"企业家平台"促成被投企业间在业务和产业链上的合作。加入了包括大唐，华为等14家企业在内的TD—SCDMA产业联盟	公司在3G领域建立了中国芯片公司的"话语权"，缔造了中国3G第一股	KTB、LB投资、上实投资、北极光知名创投公司与A创投公司联合投资A公司

资料来源：根据爱企查、天眼查和公司主页整理。

（二）分阶段分析

1. 第一阶段：A公司创投网络对A被投企业技术创新网络的影响分析

2001年A创投公司联合其他五家公司共同投资A被投企业。投后管理过程中，A创投公司利用其在创投网络中的资源通过"企业家平台"（总裁俱乐部）汇集多样化资源，让被投企业与其产业链上下游资源和产业链上的合作与对接，最终实现业务扩张或资本运作的合作共赢。2003年，A被投企业加入与A创投公司同属一个旗下的某集团所参与的TD－SCDMA产业联盟，该产业联盟覆盖了从系统、芯片与终端到测试仪表等TD－SCDMA产业链上的各个环节。该产业联盟中的绝大多数企业都与A被投企业有合作。TD－SCDMA产业联盟是围绕TD－SCDMA技术，为了加快TD－SCDMA的产业化进程，早日形成完整的产业链和多厂家供货环境而成立的。

2. 第二阶段：A被投企业技术创新网络对创新产出的影响

TD－SCDMA标准产业化初期，芯片制造是产业链中的薄弱环节。而到芯片研发后期，一个成熟而完备的产业环境与完善的技术标准成为该产业必需的要素。在此时期，通信运营商的引导将会严重影响芯片产业化进程。A被投企业2003年成为TD－SCDMA的成员，这对A被投企业和通信运营商都是一个很好的机会。在此之前，国内芯片的研发与制造领域基本上处于空白状态，国内的通信终端制造企业通常需要向高通和英伟达等国外的知名芯片厂商支付高额的专利授权费。到2004年，A被投企业推出了国内的第一块TD芯片，A被投企业也因此得到了"中国芯"的光荣称号。

A被投企业在加入TD－SCDMA联盟后，在联盟内专利技术分享的基础上，从零起步，率先研发出适合 TD - SCDMA 网络 3G 手机芯片，和国外产品相比，A 被投企业研发的 3G 手机芯片在体积、功耗、集成度与相关软件系统方面都拥有明显的优越性，是全球 3G 核心芯片中集成度最高的芯片，而且还具有同时兼容 GSM/GPRS 网络的功能。A 被投企业在 3G 领域建立了中国芯片公司的话语权，缔造了中国 3G 第一股。自主研发出一批以 TD - SCDMA 终端核心芯片为代表的国内领先的手机和计算机芯片，这些芯片已经被三星和酷派等多个主流的手机商家所采用，从而形成了双赢的局面。A 被投企业的产品在国内的市场上大规模地进行销售，并跨入了全球市场，仅模块产品就在全球市场上占据 30%、在国内市场上占据 50% 以上。全年的销售收入达到 1.32 亿元，达到 500% 的跨越式收入增长。到 2005 年，A 被投公司达到了 3.8 亿元的全球销售额。

本章选择专利申请量作为衡量企业创新产出的指标，通过国家知识产权专利搜索系统收集 A 被投企业 2001 ~ 2007 年包括发明专利、实用新型以及外观设计申请数量在内的专利申请数据量。如图 8 - 1 所示。

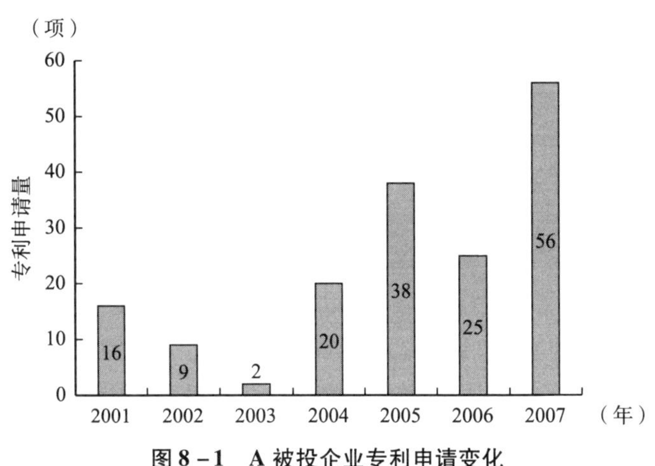

图 8 - 1　A 被投企业专利申请变化

资料来源：天眼查网站。

A 被投企业的创新产出与 TD - SCDMA 联盟的发展进程保持一致。2003 年，A 被投企业加入 TD - SCDMA 联盟，2004 年推出当时我国第一块“TD 中国芯”，2004 ~ 2007 年，A 被投企业随着 TD - SCDMA 联盟的发展呈逐年上升趋势。因此，以 A 被投企业为首的芯片制造商加入联盟后，使联盟成员的结构得到了极大的完善。凭借联盟制造企业之间的技术互补合作，A 被投企业逐步占领全球 TD 芯片市场份额。

3. 第三阶段：A 被投企业创新产出对 A 创投网络的影响

到 2005 年，A 被投企业生产的基带芯片的出货量达到 200 万片，销售额在国内手机基带芯片销售市场上占据 3%。由于 A 被投企业研发出了全球第一颗 TD - SCDMA 手机核心芯片，因此在 2005 年度荣获国家科学技术进步一等奖。A 被投企业成为清科 2006 年中国最具投资价值企业 50 强之榜首。2004 年和 2006 年，A 被投企业两轮融资中 KTB、LB 投资等知名国际创投公司与 A 创投公司联合投资 A 被投企业。张江创投、华虹国际、上海实业等国内机构也陆续跟进。A 被投企业的创新产出加强了 A 创投公司与其联合投资伙伴的联系，完善了创投网络的多样化与联系强度。

二、B 对创投公司网络与企业技术创新网络的互动

（一）B 对创投公司网络与 B 被投企业技术创新网络的互动阶段划分

清科数据库和相关网站数据显示，2006 ~ 2012 年，B 创投公司对 B 被投企业共进行了三轮投资，按照 B 创投公司与 B 被投企业的互动和 B 被投企业发展，把这一期间划分为三个阶段：（1）B 创投网络对 B 企业技术创新网络的影响阶段（2006 ~ 2007 年），B 被投企业创立成功，B 创投公司围绕 B 被投企业进行了布局，成立产业园，企业贯穿发光二极管（LED）产业链的芯片、封装、照明应用等环节。促进了 B 企业技术创新网络合作关系的建立。（2）B 被投企业技术创新网络对创新产出的影响阶段（2008 ~ 2009 年），B 被投企业专利申请量迅速上升，并先后在 2008 年与 2009 年荣获"中国 LED 技术创新奖"，而且在 2010 年度荣获"2010 年度全球清洁技术 100 强企业"，该荣誉由全球清洁技术集团与英国《卫报》共同评选。（3）B 被投企业创新产出对 B 创投网络的影响阶段（2010 ~ 2012 年），2010 年 B 被投企业获得由国际金融公司（IFC）牵头的第三轮创投，并于 2012 年，吸引央企中国节能环保集团大笔资金投入。使 B 创投公司所在的创投网络结构发生改变。表 8 - 2 列出了 B 对投资主体的投融资及互动过程。

表 8－2　　B 对投资主体的投融资及互动过程

项目	第一时期（2006～2007 年）	第二时期（2008～2009 年）	第三时期（2010～2012 年）
投资阶段	第一轮投资	第二轮投资	第三轮投资
发展阶段	初创期	成长期	扩张期
互动关系	创投网络对技术创新网络的影响	技术创新网络对创新产出的影响	创新产出对创投网络的影响
主要表现	B 创投公司围绕 B 被投企业进行了布局，成立产业园，企业贯穿 LED 产业链的芯片、封装、照明应用等环节。促进了 B 企业技术创新网络合作关系的建立	B 公开发明专利 2008 年迅速上升到 52 项，到 2010 年增加到 80 项	2010 年 B 公司获得由国际金融公司（IFC）牵头的第三轮创投。2012 年，成功吸引央企中国节能环保集团大笔资金投入，进一步增强了创投公司的多样化与关系合作

（二）分阶段分析

1. 第一阶段：B 创投网络对 B 被投企业技术创新网络的影响分析

2006 年，B 创投公司联合 Mayfield、永威投资向 B 被投企业投资 1 000 万美元，随后在 2007 年注资 4 000 万美元。在以 B 创投公司牵头支持下，B 被投企业顺利实现了硅衬底氮化镓蓝色的产业化。此项目遵循“统一规划，分期实施”的原则展开，建设期分为三期：第一期将培育硅衬底蓝绿光 LED 芯片的生产能力为年产量达到 50 亿粒；第二期将达到硅衬底蓝绿光 LED 芯片的年产量为 100 亿粒的生产能力；第三期将形成硅衬底蓝绿光 LED 芯片生产的上、中、下游产业链，实现 LED 的产业集群化，使其成为世界上最具竞争优势的半导体照明的产业化基地之一，促进了 B 被投企业创新合作关系的建立。B 被投企业还利用 B 创投公司所在的创投网络伙伴关系，与中国台湾地区艾迪森、亿光、沛鑫等台湾下游企业积极联系，建立合作关系。

2. 第二阶段：技术创新网络对创新产出的影响

B 被投企业通过借助 B 创投公司建立起来的关系网络得到了在创新过程中所需要的信息与知识，并且能够使其融入全球价值链体系中，为 B 被投企业未来在创新关系网络中获得有利的位置提供了可能。

本章选择专利申请量作为衡量企业创新产出的指标，通过国家知识产权专利搜索系统收集B被投企业2006～2012年的专利申请数据量，包括发明专利、实用新型和外观设计申请数量。B被投企业利用B创投公司布局的产业联盟，与上下游企业就近配套。B被投企业在专利申请方面取得了卓著的创新成果。B被投企业在2006年的公开发明专利10项，到2007年其公开发明专利增加到18项，到2008年其公开发明专利则提高到52项，到2010年增加到80项，如图8－2所示，并先后在2008年度和2009年度荣获"中国LED技术创新奖"，2010年荣获"2010年度全球清洁技术100强企业"称号，该称号是由全球清洁技术集团与英国《卫报》共同评选。

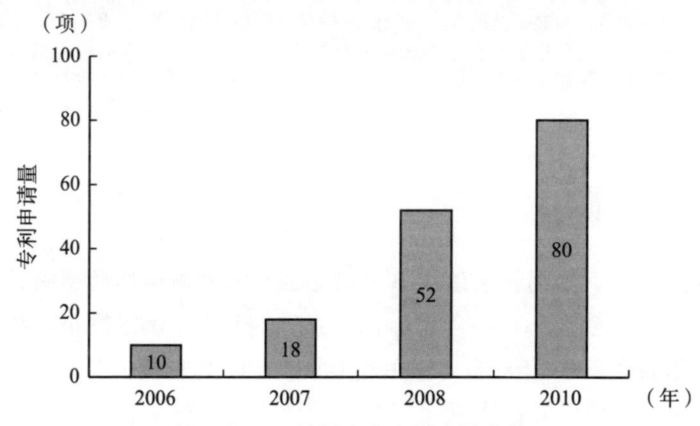

图8－2　B被投企业专利申请变化

资料来源：天眼查网站。

3. 第三阶段：B被投企业创新产出对B创投网络的影响

在第二轮融资完成后，更有诸如东方富海创投、中国远洋香港公司、国家电网、德国欧司朗公司等多家创投公司要求投资B被投企业，其中，中国家电网要求对B被投企业作为国家级公司进行控股，德国欧司朗公司同样也提出对B被投企业进行控股。在这种情况下，B被投企业在后续的股权融资过程中能够具备更多、更广的选择空间与范围，从而影响着以B焦点创投公司的创投网络结构。到2010年，B被投企业得到了5500万美元的由国际金融公司（IFC）牵头的第三轮投资。2012年，B被投企业成功吸引央企中国节能环保集团大笔资金投入。B创投公司通过对B被投企业联合投资，进一步增加所在创投网络的知识多样化和与其他合作伙伴的合作关系。

第三节 结论与讨论

本章通过清科数据库和相关网站数据对两对投融资主体案例的纵向数据进行分析，验证创投网络与技术创新网络的互动机理，研究结论主要如下。

（1）创投网络与技术创新网络互动过程可以分为三个阶段：创投网络对被投企业技术创新网络的影响；被投企业技术创新网络对创新产出的影响；被投企业创新产出对创投网络的影响。

（2）创投网络对被投企业创新网络的影响：创投公司通过其中间人或其在创投网络中的影响力为促进被投企业与其他相关企业的合作关系，改变技术创新网络的知识多样化与网络封闭性，从而影响被投企业技术创新网络结构；被投企业技术创新网络对创新产出的影响：被投企业通过构建的创新网络关系获取多样化知识，从而促进了其创新产出的提高；创新产出对创投网络的影响：被投企业由于其高创新产出和高创新质量，直接或通过提高创投公司声誉吸引其他创投公司共同投资，从而改变创投公司所在的创投网络结构。

第九章

对策建议与结语

首先，本书围绕创投公司与被投企业互动过程，将创投网络与技术创新网络互动过程划分为三个阶段，并通过对三个阶段的理论推导和实证检验，得出相关结论；其次，本书的结论可以为创投公司及企业的网络化发展提供新思路，有助于形成创投网络与技术创新网络的良性互动；最后，本书提出了相应的对策建议，并总结研究局限，提出未来的研究趋势与方向。

第一节 对策建议

一、创投网络对技术创新网络影响研究结论的实践启示

本书创投网络对技术创新网络影响方面研究结论的实践启示如下。

本书的研究结果有助于创投公司管理者进行伙伴管理，提高创投网络信息传播效率。本书的结果显示，在开放创投网络中，知识多样化对企业形成开放—专业化技术创新网络具有显著的负向作用，而对企业形成封闭—多样化技术创新网络的负向作用不显著；在封闭创投网络中，知识多样化对被投企业形成开放—专业化网络具有显著的正向作用，且对被投企业形成封闭—多样化网络具有显著的正向作用。即在开放创投网络中，相对于开放—多样化创投网络，与开放—专业化创投网络联结的企业更可能形成开放—专业化技术创新网络。在封闭创投网络中，相对于封闭—专

业化创投网络，与封闭—多样化创投网络联结的企业更可能形成开放—专业化技术创新网络，也更有可能形成封闭—多样化技术创新网络。即高效的创投公司有利于信息的传播和理解，从而有助于被投企业构建高效的技术创新网络。

因此，有远见的创投公司管理者在选择合作伙伴时，应该既要考虑与合作伙伴的知识相似性，也要考虑所在创投网络的互动情况，权衡知识相似性与创投网络封闭性间的合理配置，构建高效的创投网络，促进创投网络知识交换活动，塑造高绩效工作系统以提高被投企业的创新水平，从而保证创投公司投资的高绩效水平。

本书的研究结论有助于被投企业选择合适的合作伙伴，构建高效的技术创新网络关系。当被投企业选择创投合作伙伴时，嵌入不同的创投网络结构组合的创投公司会对被投企业自身网络的构建产生不同的影响，因此创投网络结构与技术创新网络结构关系的研究结论能够帮助被投企业选择合适的创投公司作为合作伙伴，从而有助于被投企业构建高效的双网络关系，对提高企业创新绩效，实现创新型国家战略目标具有重要的参考价值。

本书的研究结果有助于建立企业管理者对技术创新网络管理的权变性认知。本书的结果显示，创投网络高中心位置强化了嵌入封闭—多样化网络中创投公司的能力机制作用，更可能使被投企业形成开放—专业化技术创新网络结构。创投网络高中心位置弱化了嵌入开放—专业化网络中创投公司的能力机制作用，更可能使被投企业形成开放—专业化技术创新网络结构。因此，被投企业应该根据投资公司在创投网络中所处的位置协调合作关系，构建有利于自身发展的网络关系。

本书的研究结果有利于强化企业管理者培育高水平的投融资主体，建立相对成熟的创投网络与技术创新网络良性互动的战略决策，有关政府部门可制定有利于构建合作平台的政策，以回应网络化发展的需求。从理论和实证分析结果来看，创投网络与技术创新网络的良性循环体现了创投市场的配置效率，所以需通过提高主体间合作网络配置效率来促进二者之间的良性循环，形成创投与技术创新网络良性互动机制，提高市场的创新水平。因此，一方面，应该建立多层次的股权交易平台和信息服务系统，满足不同类型的企业和创投公司在不同发展阶段的投融资需求，从而可以吸引更多的投融资主体来增加“市场厚度”；另一方面，应制定政策支持孵化器和科技园等基础设施建设，使创投公司与企业快速找到合适的合作伙伴，构建高效的创投网络与技术创新网络。同时，要加强基础设施建设规划，营造良好的投融资硬件环境；完善法律法规体系，维持创投与创新市场持续稳定的发展。推动创投网络与技术创新网络的良性循环，实现创新型国家的战略目标。

二、技术创新网络对创新产出影响研究结论的实践启示

本书技术创新网络对创新产出影响方面的研究结论的实践启示如下。

研究结论有助于企业构建高效的创新合作关系。本书的结论显示，在开放技术创新网络中，知识多样化对企业创新绩效具有显著的负向作用；在封闭技术创新网络中，知识多样化对企业创新绩效具有显著的正向作用。即开放技术创新网络中，与开放—多样化技术创新网络相比，开放—专业化技术创新网络对企业创新绩效具有显著的正向影响。封闭技术创新网络中，与封闭—专业化技术创新网络相比，封闭—多样化技术创新网络对企业创新绩效具有显著的正向影响。因此，企业在进行创新活动时，可采取高网络封闭性与高知识多样化并存或者低网络封闭性与低知识多样化并存的管理策略。例如，企业在具有多样化的知识时，需要同时加强企业之间的紧密联系，确保技术创新网络维持在高密度水平，实现网络内资源在创新活动中得到最大限度的利用，进而最大限度地促进企业创新绩效的提升。

三、企业创新产出对创投网络影响研究结论的实践启示

本书企业创新产出对创投网络影响方面的研究结论的实践启示如下。

本书的结论显示：（1）企业创新产出高的企业有利于创投公司构建开放—专业化创投网络；（2）企业创新产出高的企业有利于创投公司构建封闭—多样化创投网络；（3）创投公司网络中心性对企业创新产出和开放—专业化创投网络形成之间的关系具有正向调节作用；（4）创投公司网络中心性对企业创新产出和封闭—多样化创投网络形成之间的关系具有正向调节作用。

本书结论对于政府机构来说，政府应该充分发挥创业投资产业对于我国经济发展的推动作用。当前，我国处于转型时期，自主创新是我国当前发展战略的首要目标，是达成建立创新型国家目标的重要途径。为了早日

实现这一目标，政府必须健全创业投资机制，为创业投资发展提供良好的环境。首先，政府可以为企业和创业投资公司建立一个长期沟通交流的平台，充当它们之间的“桥梁”，加强它们之间的沟通和了解。企业和创业投资公司之间往往存在着信息不对称，为企业和创业投资公司搭建一个长期沟通交流平台，可以增加创业投资公司发现高创新产出企业的机会，有助于创业投资公司构建高效的创投网络结构，提升我国创投网络的整体质量。其次，政府还可以出台鼓励创投网络结构领域理论研究的政策。理论对实践具有指导作用，鼓励学者们进行相关方面的理论研究，可以提高我国创投网络的理论建设，从而更好地为实践服务。

本书的研究结果为创投公司选择合适的被投企业提供参考。本书的研究结果显示，企业的创新产出作为企业的质量信号对其投资公司的伙伴选择具有积极的作用，创新产出高的企业更有利于投资公司构建开放—专业化创投网络和封闭—多样化创投网络。对于创业投资公司来说，选择合适的联合投资伙伴不仅能提高投资绩效，还有利于构建优质的创投网络，提高创投网络的质量，因此，选择合适的联合投资伙伴至关重要。创业投资公司在选择联合投资伙伴时往往会遇到信息不对称和逆向选择问题，但是这种信息不对称能够通过某些信号来减少。企业的创新产出就可以充当这一信号。创新产出高的企业不仅可以提高创业投资公司的投资绩效，还可以提高创业投资公司的声誉，从而吸引相似知识经验或者多样化的创投公司结盟。因此，创投公司在选择被投企业时，不仅应进行全面的尽职调查，而且还应该关注被投企业的既有创新产出和创新前景。创投公司可以根据自己所处的网络环境，构建开放—专业化创投网络或者封闭—专业化创投网络。另外，创业投资公司的网络中心性也可以影响其联合投资伙伴的选择。本书的研究结果还显示，创投公司在创投网络中的中心性部分替代了创新产出带来的信号作用，从而弱化了创新产出与创投网络结构之间的正向关系。因此创投公司管理者要建立权变性认知，后发公司努力利用优质被投企业质量信号的作用构建高效网络，同时要努力提高自身在网络中的位置，利用自身的关键位置构建网络。通过提高其网络中心性来吸引合适的合作伙伴，进而促成结盟。

对于被投企业来说，在选择创投合作伙伴时，从自己长远发展的角度考虑，不仅要考虑创业投资公司能够为其提供多少资金，更要考虑创业投资公司能够为其提供的其他资源和增值服务。企业与创投公司之间的选择是双向的，企业在选择创投公司的同时，创投公司也在选择企业。创投公司更倾向于选择投资回报好，有利于自己发展的初创企业。因此，对于被投企业来说，创新产出对于其发展具有更大的意义。被投企业想要从众多被投企业中脱颖而出，就需要重视技术创新、增加研发投入、提高创新产出，充分发挥信号释放其有关资源和质量的信息，利用创新产出质量信号传递的信息，吸引创投公司，构成高效创投网络，从而更好地对被投企业产生积极的促进作用。而且这些信号必须是可以提前被了解和观察不易模仿才具有价值。

第二节 研究局限

本书的理论贡献在于从网络结构的视角研究创投网络与技术创新网络的互动机理并进行实证检验，是在创投与创新关系研究基础上的进一步扩展，也是进行探索性研究的一次尝试。本书的实践意义在于在我国宏观经济面临结构转型、产业升级的处境下，探索了创投网络与技术创新网络的互动关系，为提高我国创投网络的整体质量，从而提高创业投资公司的投资绩效，营造有利于我国创新创业战略目标实现的环境提供参考。但是本书还存在一定的不足之处，需要在以后的研究中继续深化和完善。

第一，创投公司支持的企业大部分都是未上市的中小企业，受限于数据的可获得性，本书只能使用专利申请数量来度量企业创新产出，无法获取到研发投入、新产品销售量等财务指标，更精确地度量企业创新产出。后续研究可以再在数据基础环境得到改善的前提下，增加企业样本的代表性和整体性，完善有关企业创新产出的指标设计。

第二，本书在创投网络的研究维度上还存在一些局限性。关于创投网络的定义分为广义和狭义两个方面，本书仅从狭义的创投网络（联合投资网络方面）展开研究，而广义的创投网络作为一个整体，还包括与其他利益相关形成的合作关系网络，也可能对企业创新产出产生影响，在以后的研究中，可以考虑从广义的创投网络入手，从而更全面客观地分析创投网络与技术创新网络的互动机理。

第三，目前我国有关企业创新产出对创投网络结构的影响以及其具体作用机制的研究比较贫乏，因此，本书作为一个初步研究分析，在变量选择和模型建立等的时候还存在一些瑕疵。如何使变量的选取和模型的构建更有效，这些问题都需要进行持续且深入的后续研究来进一步改善。

第四，创投公司所支持的企业中，中小企业占大多数，因此，受数据可获得性的限制，本书采用清科数据库和专利数据库对应数据，未来研究需要结合调查问卷，进一步扩大样本量，对结果进行验证。

第五，本书的研究并未关注创投网络与技术创新网络互动过程中可能存在大量的中间变量，未来研究可以尝试探索创投网络与技术创新网络关系的中介变量，进一步揭开创投网络与技术创新网络互动的“黑箱”。

第三节 未来趋势与展望

本书基于网络结构视角研究创投网络与技术创新网络互动机理，但主要基于本国范围进行研究。然而，近年来创投网络与技术创新网络的研究出现了一些新趋势与新方向。具体如下。

在创投网络研究方面，跨境创投网络逐渐引起了学者们的关注，一方面，学者们主要将创投公司看作同质公司，并未区分国家、企业和跨境的影响，因此尚不清楚所有跨境创投公司的表现是否均等。另一方面，大多数研究围绕发达国家跨境创投网络展开，并未讨论新兴国家创投公司跨境投资实践。事实上，跨境创投网络中，国家之间市场环境差异较大，企业不可能在单一制度下简单地寻求绩效提升路径；而且，中国创业投资起步较晚，本土创投公司在出境投资中除面临所有跨境投资公司所面临的问题之外，由于缺乏经验，还面临诸多“融入”当地与“监管”被投企业的障碍。中国创投公司在出境投资中如何利用本土创投网络优势成为亟须研究的问题。而中国作为转型发展中的经济体，与西方经济制度差异较大，在西方情境下得到的结论未必适用于中国的创新与风险投资市场，因此有必要结合中国创投实际，研究中国 VC 出境投资中本土创投网络对东道国企业的跨境影响。

在创投与创新的互动方面，近年来学者们逐渐关注到创投公司与企业之间的跨境互动关系，并开始从网络层面关注创投网络与企业技术创新网络的跨境互动。然而，现有研究仅限于单向影响研究，事实上，创投公司本土的各种网络资源必然会影响东道国企业的合作关系，同时，创投公司在此过程中也达到了其自身快速增值，继而影响其后期的合作关系构建。因此，这在客观实践层面提出了研究本土创投网络与东道国企业技术创新网络跨国双向互动的必要性。

在创投网络与技术创新网络互动方面，少数学者开始基于关系嵌入视角关注创投网络对技术创新网络的影响，但仅将关系嵌入作为单维变量，研究创投公司的创投网络嵌入特征对企业产出的单向作用，并未基于关系嵌入视角，在双网络互动机理研究的基础上，考察创投网络与技术创新网络关系嵌入深度与广度的有效匹配。网络嵌入是决定资源和信息在网络中的分布与流动，并最终决定结点资源和信息拥有程度的关键因素。关系嵌入广度决定接触新知识的可能性，关系嵌入深度决定转移新知识的可能性。因此，中国创投公司在出境投资中本土创投网络与东道国技术创新网络要实现良性互动，就需要基于关系嵌入视角，在研究双网络互动的基础上，探究关系嵌入深度与广度的有效匹配。

现有相关研究框架及对未来研究的启示如图 9－1 所示。

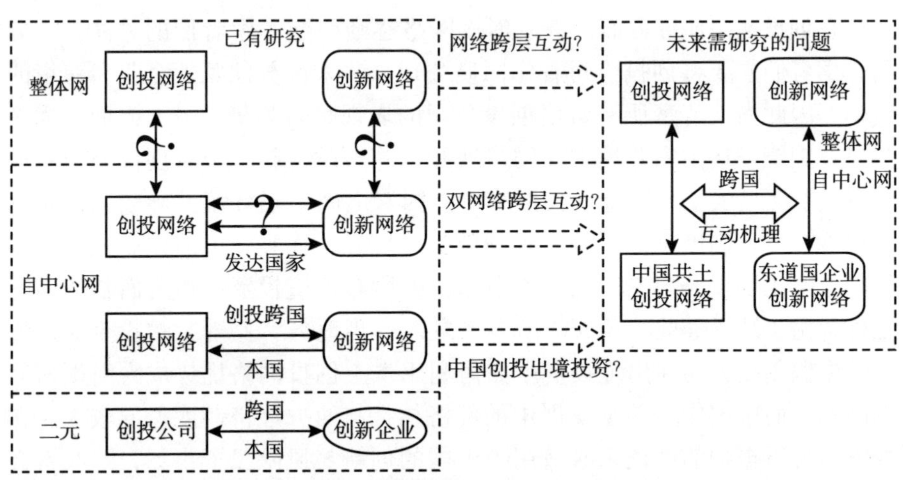

图 9－1　相关文献框架及对未来研究的启示

参考文献

[1] 宝贡敏．现代企业战略管理［M］．郑州：河南人民出版社，2001.

[2] 蔡宁，何星．社会网络能够促进风险投资的“增值”作用吗？——基于风险投资网络与上市公司投资效率的研究［J］．金融研究，2015（12）：178－193.

[3] 蔡宁，潘松挺．网络关系强度与企业技术创新模式的耦合性及其协同演化——以海正药业技术创新网络为例［J］．中国工业经济，2008（4）：137－144.

[4] 蔡乌赶，周小亮．企业生态创新驱动、整合能力与绩效关系实证研究［J］．财经论丛，2013（1）：95－100.

[5] 曹艺苹．创业投资网络对创业企业创新效率影响的实证研究［D］．哈尔滨：哈尔滨工业大学，2016.

[6] 常红锦，党兴华．网络嵌入性与成员退出：基于创新网络的分析［J］．研究与发展管理，2013，25（4）：30－40.

[7] 陈思，何文龙，张然．风险投资与企业创新：影响和潜在机制［J］．管理世界，2017（1）：158－169.

[8] 陈伟，张旭梅．供应链伙伴特性、知识交易与创新绩效关系的实证研究［J］．科研管理，2011，32（11）：7－17.

[9] 陈鑫，陈德棉，叶江峰．风险投资、空间溢出与异质创新［J］．管理评论，2021，44（4）：102－112.

[10] 池仁勇．区域中小企业创新网络的结点联接及其效率评价研究［J］．管理世界，2007（1）：105－113.

[11] 池仁勇．区域中小企业创新网络形成、结构属性与功能提升：浙

江省实证考察［J］. 管理世界，2005（10）：102－112.

［12］党兴华，常红锦. 网络位置，地理邻近性与企业创新绩效——一个交互效应模型［J］. 科研管理，2013，34（3）：7－13.

［13］党兴华，董建卫，吴红超. 风险投资机构的网络位置与成功退出：来自中国风险投资业的经验证据［J］. 南开管理评论，2011，14（2）：82－91.

［14］党兴华，肖瑶. 基于跨层级视角的创新网络治理机理研究［J］. 科学学研究，2015，33（12）：1894－1908.

［15］党兴华，张首魁. 模块化技术创新网络结点间耦合关系研究［J］. 中国工业经济，2005（11）：85－91.

［16］董建卫，党兴华，陈蓉. 风险投资机构的网络位置与退出期限：来自中国风险投资业的经验证据［J］. 管理评论，2012，24（9）：49－56.

［17］董建卫，施国平，郭立宏. 联合风险投资、竞争者间接联结与企业创新［J］. 研究与发展管理，2019，31（2）：91－101.

［18］段勇倩，陈劲. 风险投资如何影响企业创新？——研究述评与展望［J］. 外国经济与管理，2021，43（1）：136－152.

［19］贡文伟，袁煜，朱雪春. 联盟网络、探索式创新与企业绩效——基于冗余资源的调节作用［J］. 软科学，2020，34（7）：114－120.

［20］何思歆，罗鄂湘. 风险投资网络能力、创业企业吸收能力及创新［J］. 农场经济管理，2020（8）：31－35.

［21］胡海青，张宝建. 网络能力、网络位置与创业绩效［J］. 管理工程学报，2011（4）：67－74.

［22］胡磊，张强. 创业投资网络对投资绩效的影响研究——基于投资决策的中介效应检验［J］. 财经理论与实践，2018，39（5）：46－52.

［23］胡刘芬，周泽将. 社会网络关系对风险投资行为的影响及经济后果研究——基于地理学视角的实证分析［J］. 外国经济与管理，2018，40（4）：110－124.

［24］胡志颖，丁园园，郭彦君，等. 风险投资网络、创新投入与创业板 IPO 公司成长性——基于创新投入中介效应的分析［J］. 科技进步与对策，2014，31（10）：90－94.

［25］黄玮强，庄新田，姚爽. 企业创新网络的自组织演化模型［J］. 科学学研究，2009，27（5）：793－800.

[26] 黄艳，陶秋燕，朱福林．关系强度、知识转移与科技型中小企业创新绩效 [J]. 企业经济，2017，36 (12)：88 –94.

[27] 加里·杜什尼茨基，余雷，路江涌．公司创业投资：文献述评与研究展望 [J]. 管理世界，2021 (7)：198 –216.

[28] 金永红，廖原，奚玉芹．风险投资网络位置，投资专业化与企业创新 [J]. 中国科技论坛，2021 (2)：39 –50.

[29] 孔令涛，侯合银．基于演化博弈的创业投资辛迪加网络生成机制研究 [J]. 科技管理研究，2015，35 (9)：207 –211.

[30] 孔晓丹，张丹．创新网络知识流动对企业创新绩效的影响研究——基于网络嵌入性视角 [J]. 预测，2019，38 (2)：45 –51.

[31] 李慧，梅强，徐占东．产业网络结构嵌入、创业学习与新创企业成长关系研究 [J]. 技术与创新管理，2020，41 (3)：238 –245.

[32] 李玲．技术创新网络中企业间依赖、企业开放度对合作绩效的影响 [J]. 南开管理评论，2011，14 (4)：16 –24.

[33] 李梦雅，严太华．风险投资、技术创新与企业绩效：影响机制及其实证检验 [J]. 科研管理，2020，41 (7)：70 –78.

[34] 李明星，苏佳璐，胡成．产学研合作中企业网络位置与关系强度对技术创新绩效的影响 [J]. 科技进步与对策，2020，37 (14)：118 –124.

[35] 李智超，卢阳旭，锁利铭．风险投资企业的网络结构特征对投资绩效的影响研究 [J]. 软科学，2015，29 (12)：5 –8.

[36] 刘长庚，王迎春．核心资源基础企业理论框架下的企业内生成长模型 [J]. 经济经纬，2013 (6)：89 –93.

[37] 刘刚，梁晗，殷建瓴．风险投资声誉、联合投资与企业创新绩效——基于新三板企业的实证分析 [J]. 中国软科学，2018 (12)：110 –125.

[38] 刘兰剑，司春林．创新网络 17 年研究文献述评 [J]. 研究与发展管理，2009，21 (4)：68 –77.

[39] 刘学元，丁雯婧，赵先德．企业创新网络中关系强度、吸收能力与创新绩效的关系研究 [J]. 南开管理评论，2016，19 (1)：30 –42.

[40] 刘元芳，陈衍泰，余建星．中国企业技术联盟中创新网络与创新绩效的关系分析——来自江浙沪闽企业的实证研究 [J]. 科学学与科学技术管理，2006 (8)：72 –79.

[41] 刘志阳，江晓东．我国创业投资网络绩效研究 [J]. 财经研究，

2010, 36 (6): 58 – 68.

[42] 卢福财，胡平波. 网络组织成员合作的声誉模型分析 [J]. 中国工业经济，2005 (2): 73 – 79.

[43] 陆立军，郑小碧. 区域经济发展差异与创新网络联接度相关关系研究——基于对浙江省83家企业研发中心的问卷调查与实地访谈 [J]. 科学学与科学技术管理，2007 (10): 130 – 134.

[44] 罗辉道，项保华. 资源概念与分类研究 [J]. 科研管理，2005 (4): 99 – 104, 57.

[45] 罗吉，党兴华，王育晓. 网络位置、网络能力与风险投资机构投资绩效：一个交互效应模型 [J]. 管理评论，2016, 28 (9): 83 – 97.

[46] 孟韬，徐广林. 专利申请、创业融资与独角兽企业估值及成长性 [J]. 科学学研究，2020, 38 (8): 1444 – 1472.

[47] 聂富强，等. 网络嵌入性对风险投资联盟成功退出投资对象的影响：机理与证据 [J]. 研究与发展管理，2016, 28 (5): 12 – 22.

[48] 戚湧，陈尚. 创业投资网络位置属性对企业创新绩效的影响 [J]. 中国科技论坛，2016 (7): 86 – 91.

[49] 漆苏，刘立春. 新创企业专利对于风险投资决策的影响研究——基于中国创业板企业的实证分析 [J]. 科研管理，2020, 41 (10): 227 – 237.

[50] 钱锡红，杨永福，等. 企业网络位置、间接联系与创新绩效 [J]. 管理世界，2011 (5): 118 – 130.

[51] 乔明哲，张玉利，等. 公司创业投资与企业技术创新绩效——基于实物期权视角的研究 [J]. 外国经济与管理，2017, 39 (12): 38 – 52.

[52] 施放，朱吉铭. 创新网络、组织学习对创新绩效的影响研究——基于浙江省高新技术企业 [J]. 华东经济管理，2015, 29 (10): 21 – 26.

[53] 石琳，党兴华，韩瑾，陈涛. 风险投资网络结构嵌入对投资绩效只有促进作用吗？——来自我国风险投资业的经验证据 [J]. 科技管理研究，2016, 36 (17): 216 – 223.

[54] 石琳，党兴华，韩瑾. 风险投资机构网络中心性、知识专业化与投资绩效 [J]. 科技进步与对策，2016, 33 (14): 136 – 141.

[55] 孙冰，周大铭. 基于核心企业视角的企业技术创新生态系统构建 [J]. 商业经济与管理，2011 (11): 36 – 43.

[56] 孙晓娥，边燕杰. 留美科学家的国内参与及其社会网络强弱关系

假设的再探讨［J］. 社会，2011，31（2）：194－215.

［57］田增瑞，高庆浩，宋雅雯，等. 网络位置、经营时间与创业投资机构投资绩效［J］. 中国科技论坛，2019，277（5）：82－91.

［58］王发明，蔡宁，朱浩义. 基于网络结构视角的产业集群风险研究——以美国128公路区产业集群衰退为例［J］. 科学学研究，2006，24（6）：885－889.

［59］王建平，吴晓云. 网络位置、产品创新战略与创新绩效——以中国制造企业为样本［J］. 经济与管理研究，2020，41（1）：131－144.

［60］王兰芳，胡悦. 创业投资促进了创新绩效吗？——基于中国企业面板数据的实证检验［J］. 金融研究，2017（1）：177－190.

［61］王艳，侯合银. 创业投资辛迪加网络结构测度的实证研究［J］. 财经研究，2010，36（3）：46－54.

［62］王永贵，刘菲. 网络中心性对企业绩效的影响研究——创新关联、政治关联和技术不确定性的调节效应［J］. 经济与管理研究，2019，40（5）：113－127.

［63］王育晓，党兴华，张晨，等. 风险投资机构知识多样化与退出绩效：投资阶段的调节作用［J］. 财经论丛，2015（12）：32－40.

［64］王育晓，杨贵霞，王曦. 风险投资机构网络能力影响因素研究［J］. 商业研究，2015（7）：156－163.

［65］王育晓，张晨，王曦. 风险投资机构的网络能力与投资绩效——网络位置与关系强度的交互作用［J］. 现代财经（天津财经大学学报），2018，38（2）：91－101.

［66］王育晓. 网络嵌入对风险投资机构网络能力与退出绩效的调节作用研究［J］. 软科学，2018，32（1）：29－33.

［67］魏江，张妍，龚丽敏. 基于战略导向的企业产品创新绩效研究——研发网络的视角［J］. 科学学研究，2014，32（10）：1593－1600.

［68］魏龙，党兴华. 网络闭合、知识基础与创新催化：动态结构洞的调节［J］. 管理科学，2017，30（3）：83－96.

［69］吴贵生，李纪珍，孙议政，等. 技术创新网络和技术外包［J］. 科研管理，2000，21（4）：33－43.

［70］吴剑峰，吕振艳. 资源依赖、网络中心度与多方联盟构建：基于产业电子商务平台的实证研究［J］. 管理学报，2007（4）：37－41.

[71] 夏清华，乐毅. 风险投资促进了中国企业的技术创新吗？[J]. 科研管理，2021，42 (7)：189 – 199.

[72] 向希尧，裴云龙. 跨国专利合作网络中技术接近性的调节作用研究 [J]. 管理科学，2015，28 (1)：111 – 121.

[73] 谢雅萍，宋超俐. 风险投资与技术创新关系研究现状探析与未来展望 [J]. 外国经济与管理，2017，39 (2) 47 – 59.

[74] 徐研，刘迪. 风险投资网络能够促进中小企业创新能力提升吗？——基于中国风投行业数据的实证研究 [J]. 产业经济研究，2020 (3)：85 – 99.

[75] 徐研，杨大楷. 风投是否有助于高科技企业联盟网络构建——信号传递理论视角的研究 [J]. 科技进步与对策，2016，33 (17)：73 – 78.

[76] 许晖，许守任，王睿智. 嵌入全球价值链的企业国际化转型及创新路径——基于六家外贸企业的跨案例研究 [J]. 科学学研究，2014，32 (1)：73 – 83.

[77] 薛超凯，党兴华，任宗强. 风险投资机构声誉对其投资决策的影响 [J]. 科技进步与对策，2018，35 (14)：1 – 7.

[78] 薛超凯，党兴华，任宗强. 经验信号对联合投资形成的影响 [J]. 科技管理研究，2016，36 (21)：235 – 239.

[79] 严子淳，刘刚，梁晗. 风险投资人社会网络中心性对新三板企业创新绩效的影响研究 [J]. 管理学报，2018，15 (4)：523 – 529.

[80] 杨春华. 资源概念界定与资源基础理论述评 [J]. 科技管理研究，2008 (8)：77 – 79.

[81] 杨靓，曾德明，邹思明. 科学合作网络、知识多样化与企业技术创新绩效 [J]. 科学学研究，2021，39 (5)：867 – 875.

[82] 杨敏利，党兴华. 风险投资机构的网络位置对 IPO 期限的影响 [J]. 中国管理科学，2014，22 (7)：140 – 148.

[83] 杨敏利，焦飞飞，董建卫，等. 引导基金联合参股的杠杆效应研究 [J]. 科研管理，2020，41 (10)：116 – 126.

[84] 杨钊，陈士俊. 知识型团队知识共享影响机制研究——以信任和知识距离对团队知识共享的影响机制为基础 [J]. 西南交通大学学报（社会科学版），2008，9 (6)：11 – 15.

[85] 袁方. 社会研究方法教程 [M]. 北京：北京大学出版社，1997.

[86] 袁媛. 风险投资与目标企业创新绩效研究——基于整合社会网络和资源诅咒理论的视角 [J]. 工业技术经济, 2020, 39 (4): 19-26.

[87] 岳鹄, 张宗益, 朱怀念. 创新主体差异性、双元组织学习与开放式创新绩效 [J]. 管理学报, 2018, 15 (1): 48-56.

[88] 詹绍文, 王旭. 论创新网络结构、网络关系对中小型文化企业创新能力的影响——组织间学习的中介效应 [J]. 西北民族大学学报 (哲学社会科学版), 2020 (3): 108-117.

[89] 张宝建, 孙国强. 网络能力、网络结构与创业绩效——基于中国孵化产业的实证研究 [J]. 南开管理评论, 2015, 18 (2): 39-50.

[90] 张华, 倪敏, 赵银德. 基于核心资源观视角的企业多元化战略选择研究 [J]. 商业时代, 2012 (19): 82-83.

[91] 张然. 创业投资网络对创业企业成长能力影响的研究 [D]. 成都: 西南财经大学, 2014.

[92] 张首魁, 党兴华, 李莉. 松散耦合系统: 技术创新网络组织结构研究 [J]. 中国软科学, 2006 (9): 122-129.

[93] 张曦如, 沈睿, 路江涌. 风险投资研究: 综述与展望 [J]. 外国经济与管理, 2019, 41 (4): 58-68.

[94] 张妍, 魏江. 战略导向、研发伙伴多样化与创新绩效 [J]. 科学学研究. 2016, 34 (3): 443-452.

[95] 赵健宇. 知识创造行为对知识网络演化的影响: 以知识贬值和知识活性为参数 [J]. 系统管理学报, 2016, 25 (1): 175-184.

[96] 赵炎, 邓心怡, 韩笑. 网络闭合对企业创新绩效的影响——知识流动的中介作用 [J]. 科学学研究, 2021, 39 (6): 1144-1152.

[97] 赵炎, 孟庆时, 等. 对中国汽车企业联盟网络抱团现象的探析 [J]. 科研管理, 2016, 37 (4): 547-557.

[98] 周冬梅, 陈雪琳. 创业研究回顾与展望 [J]. 管理世界, 2020 (1): 206-225.

[99] 周伶, 山峻, 张津. 联合投资网络位置对投资绩效的影响——来自风险投资的实证研究 [J]. 管理评论, 2014, 26 (12): 160-169.

[100] 周育红, 宋光辉. 创业投资网络研究现状评介与未来展望 [J]. 外国经济与管理, 2012, 34 (6): 17-24.

[101] 周钟, 陈智高. 产业集群网络中知识转移行为仿真分析: 企业

知识刚性视角［J］. 管理科学学报，2015，18（1）：41－49.

［102］Ahlstrom D，Bruton G D. Venture capital in emerging economies：Networks and institutional change［J］. Entrepreneurship Theory and Practice，2006，30（2）：299－320.

［103］Ahuja G. Collaboration networks，structural holes，and innovation：A longitudinal study［J］. Administrative Science Quarterly，2000，45（3）：425－455.

［104］Aleenajitpong N，Leemakdej A. Venture capital networks in Southeast Asia：network characteristics and cohesive subgroups［J］. International Review of Financial Analysis，2021（76）：101752.

［105］Alexy O T，Block J H，Sandner P，et al. Social capital of venture capitalists and start-up funding［J］. Small Business Economics，2012（39）：835－851.

［106］Alguezaui S，Filieri R. Investigating the role of social capital in innovation：sparse versus dense network［J］. Journal of Knowledge Management，2010，14（6）：891－909.

［107］Alvarez－Garrido E，Guler I. Status in a strange land? Context－dependent value of status in cross-border venture capital［J］. Strategic Management Journal，2018，39（7）：1887－1911.

［108］Aral S，Van Alstyne M. The diversity-bandwidth trade-off［J］. American Journal of Sociology，2011，117（1）：90－171.

［109］Arvanitis S，Stucki T. The impact of venture capital on the persistence of innovation activities of start-ups［J］. Small Business Economics，2014（42）：849－870.

［110］Autio E，Kenney M，Mustar P，et al. Entrepreneurial innovation：The importance of context［J］. Research Policy，2014，43（7）：1097－1108.

［111］Balachandran S，Hernandez E. Networks and innovation：Accounting for structural and institutional sources of recombination in brokerage triads［J］. Organization Science，2018，29（1）：80－99.

［112］Barney J. Firm resources and sustained competitive advantage［J］. Journal of Management，1991，17（1）：99－120.

［113］Barney J B. Gaining and Sustaining Competitive Advantage（2nd

Ed.) [M]. New York: Pearson Education, 2002.

[114] Batjargal B, Liu M. Entrepreneurs' access to private equity in China: The role of social capital [J]. Organization Science, 2004, 15 (2): 159-172.

[115] Bellavitis C, Filatotchev I, Kamuriwo D S. The effects of intra-industry and extra-industry networks on performance: A case of venture capital portfolio firms [J]. Managerial and Decision Economics, 2014, 35 (2): 129-144.

[116] Bellavitis C, Filatotchev I, Souitaris V. The impact of investment networks on venture capital firm performance: A contingency framework [J]. British Journal of Management, 2017, 28 (1): 102-119.

[117] Bernstein S, Giroud X, Townsend R R. The impact of venture capital monitoring [J]. Journal of Finance, 2016, 71 (4): 1591-1622.

[118] Bhattacharya S. Imperfect information, dividend policy, and "The Bird In The Hand" fallacy [J]. Bell Journal of Economics, 1979, 10 (1): 259-270.

[119] Blevins D P, Ragozzino R. An examination of the effects of venture capitalists on the alliance formation activity of entrepreneurial firms [J]. Strategic Management Journal, 2018, 39 (7): 2075-2091.

[120] Bourdieu P. A Social Critique of The Judgement of Taste [M]. Traducido del francés por R. Nice. Londres, Routledge, 1984.

[121] Brander J A, Amit R, Antweiler W. Venture - capital syndication: Improved venture selection vs. the value-added hypothesis [J]. Journal of Economics & Management Strategy, 2002, 11 (3): 423-452.

[122] Brewer W F, G V Nakamura. The Nature and Functions of Schemas [M]. In R. S. Wyer and T. K. Srull (Eds.). Handbook of Social Cognition, Hillsdale, Nj: Erlbaum, 1984: 119-160.

[123] Bringmann K, Vanoutrive T, Verhetsel A. Venture capital: The effect of local and global social ties on firm performance [J]. Papers in Regional Science, 2018, 97 (3): 737-755.

[124] Brinster L, Tykvova T. Connected VCs and strategic alliances: Evidence from biotech companies [J]. Journal of Corporate Finance, 2021 (66): 101835.

[125] Brown J S, Duguid P. Organizational learning and communities-of-

practice: Toward a unified view of working, learning, and innovation [J]. Organization Science, 1991, 2 (1): 40 -57.

[126] Burt, R. S. Brokerage and Closure: An Introduction to Social Capital [M]. Oxford: Oxford University Press, 2005.

[127] Burt, Ronald. Structural Holes versus Network Closure as Social Capital [M]. Social Capital Theory and Research, 2001.

[128] Burt R S. Structural Holes: The Social Structure of Competition [M]. Harvard University Press, 1992.

[129] Burt R S. Structural holes and good ideas [J]. American Journal of Sociology, 2004 (110): 349 -399.

[130] Capaldo A. Network structure and innovation: the leveraging of a dual network as a distinctive relational capability [J]. Strategic Management Journal, 2007, 28 (6): 585 -608.

[131] Casamatta C, Haritchabalet C. Experience, screening and syndication in venture capital investments [J]. Journal of Financial Intermediation, 2007, 16 (3): 368 -398.

[132] Caselli S, Gatti S, Perrini F. Are venture capitalists a catalyst for innovation? [J]. European Financial Management, 2009, 15 (1): 92 -111.

[133] Castilla E J. Networks of venture capital firms in Silicon Valley [J]. International Journal of Technology Management, 2003, 25 (1 -2): 113 -135.

[134] Centola D, Macy M. Complex contagions and the weakness of long ties [J]. American Journal of Sociology, 2007, 113 (3): 702 -734.

[135] Chahine S, Arthurs J D, Filatotchev I, et al. The effects of venture capital syndicate diversity on earnings management and performance of IPOs in the US and UK: An institutional perspective [J]. Journal of Corporate Finance, 2012, 18 (1): 179 -192.

[136] Chemmanur T J, Hull T J, Krishnan K. Do local and international venture capitalists play well together? The complementarity of local and international venture capitalists [J]. Journal of Business Venturing, 2016, 31 (5): 573 -594.

[137] Cohen W M, Levinthal D A. Absorptive capacity: A new perspective on learning and innovation [J]. Administrative Science Quarterly, 1990, 35

(1): 128 - 152.

[138] Coleman J S. Foundations of Social Theory [M]. Harvard University Press, 1994.

[139] Collins T L. Doorley. Teaming Up for the 90s: A Guide to International Joint Ventures and Strategic Alliances [M]. Business One Irwin Homewood, 1991.

[140] Cox Pahnke E, McDonald R, Wang D, et al. Exposed: Venture capital, competitor ties, and entrepreneurial innovation [J]. Academy of Management Journal, 2015, 58 (5): 1334 - 1360.

[141] Dahlander L, Frederiksen L. The core and cosmopolitans: A relational view of innovation in user communities [J]. Organization Science, 2012, 23 (4): 988 - 1007.

[142] Daily C M, Certo S T, Dalton D R, et al. IPO underpricing: A meta-analysis and research synthesis [J]. Entrepreneurship Theory and Practice, 2003, 27 (3): 271 - 295.

[143] Darr E D, Kurtzberg T R. An investigation of partner similarity dimensions on knowledge transfer [J]. Organizational Behavior and Human Decision Processes, 2000, 82 (1): 28 - 44.

[144] Darr E D, Kurtzberg T R. An investigation of partner similarity dimensions on knowledge transfer [J]. Organizational Behavior and Human Decision Processes, 2000, 82 (1): 28 - 44.

[145] De Clercq D, Dimov D. Internal knowledge development and external knowledge access in venture capital investment performance [J]. Journal of management studies, 2008, 45 (3): 585 - 612.

[146] Dimov D, Milanov H. The interplay of need and opportunity in venture capital investment syndication [J]. Journal of Business Venturing, 2010, 25 (4): 331 - 348.

[147] Dooley L D, O Sullivan. Managing within distributed innovation networks [J]. International Journal of Innovation Management, 2007, 11 (3): 397 - 416.

[148] Dougherty D. Interpretive barriers to successful product innovation in large firms [J]. Organization Science, 1992, 3 (2): 179 - 202.

[149] Duysters G, Lokshin B. Determinants of alliance portfolio complexity and its effect on innovative performance of companies [J]. Journal of Product Innovation Management, 2011, 28 (4): 570 - 585.

[150] Dyer J H, Kale P, Singh H. When to Ally and When to Acquire [M]. Harvard Business Review, 2004.

[151] Echols A, Tsai W. Niche and performance: The moderating role of network embeddedness [J]. Strategic Management Journal, 2005, 26 (3): 219 - 238.

[152] Eisingerich A B, Bell S J, Tracey P. How can clusters sustain performance? The role of network strength, network openness, and environmental uncertainty [J]. Research Policy, 2010, 39 (2): 239 - 253.

[153] Engel D, Keilbach M. Firm - level implications of early stage venture capital investment—An empirical investigation [J]. Journal of Empirical Finance, 2007, 14 (2): 150 - 167.

[154] Ertug G, Castellucci F. Getting what you need: How reputation and status affect team performance, hiring, and salaries in the NBA [J]. Academy of Management Journal, 2013, 56 (2): 407 - 431.

[155] Estades J, Ramani S V. Technological competence and the influence of networks: a comparative analysis of new biotechnology firms in France and Britain [J]. Technology Analysis & Strategic Management, 1998, 10 (4): 483 - 495.

[156] Fayolle A, Liñán F, Moriano J A. Beyond entrepreneurial intentions: values and motivations in entrepreneurship [J]. International Entrepreneurship and Management Journal, 2014 (10): 679 - 689.

[157] Fitza M, Matusik S F, Mosakowski E. Do VCs matter? The importance of owners on performance variance in start-up firms [J]. Strategic Management Journal, 2009, 30 (4): 387 - 404.

[158] Florida R L, Kenney M. Venture capital-financed innovation and technological change in the USA [J]. Research Policy, 1988, 17 (3): 119 - 137.

[159] Freeman C. Networks of innovators: A synthesis of research issues [J]. Research Policy, 1991, 20 (5): 499 - 514.

[160] Galloway T L, Miller D R, Sahaym A, Et Al. Exploring the innova-

tion strategies of young firms: Corporate venture capital and venture capital impact on alliance innovation strategy [J]. Journal of Business Research, 2017: 55 - 65.

[161] Galunic C, Ertug G, Gargiulo M. The positive externalities of social capital: Benefiting from senior brokers [J]. Academy of Management Journal, 2012, 55 (5): 1213 - 1231.

[162] Gargiulo M, And M. Benassi. Trapped in your own net? Network cohesion, structural holes, and the adaptation of social capital [J]. Organization Science, 2000 (11): 183 - 196.

[163] Gavetti G, Levinthal D A, Rivkin J W. Strategy making in novel and complex worlds: The power of analogy [J]. Strategic Management Journal, 2005, 26 (8): 691 - 712.

[164] Gavetti G, Warglien M. A model of collective interpretation [J]. Organization Science, 2015 (26): 1263 - 1283.

[165] Gay B, Dousset B. Innovation and network structural dynamics: Study of the alliance network of a major sector of the biotechnology industry [J]. Research Policy, 2005, 34 (10): 1457 - 1475.

[166] George S, Philip E, Lawrence S. Competing on capabilities: The new rules of corporate strategy [J]. Harvard Business Review, 1992, 70 (2): 54 - 66.

[167] Geronikolaou G, Papachristou G A. Venture capital and innovation in Europe [J]. Available at SSRN 1309186, 2008: 89 - 119.

[168] Ghosh A, Rosenkopf L. Perspective—shrouded in structure: Challenges and opportunities for a friction-based view of network research [J]. Organization Science, 2015, 26 (2): 622 - 631.

[169] Gnyawali D R, Madhavan R. Cooperative networks and competitive dynamics: A structural embeddedness perspective [J]. Academy of Management Review, 2001, 26 (3): 431 - 445.

[170] Goerzen A, Beamish P W. The effect of alliance network diversity on multinational enterprise performance [J]. Strategic Management Journal, 2005, 26 (4): 333 - 354.

[171] Goerzen A. Alliance networks and firm performance: The impact of repeated partnerships [J]. Strategic Management Journal, 2007, 28 (5):

487 - 509.

[172] Gompers P, Lerner J. Short - term America revisited? Boom and bust in the venture capital industry and the impact on innovation [J]. Innovation Policy and the Economy, 2003 (3): 1 - 27.

[173] Gompers P A. Grandstanding in the venture capital industry [J]. Journal of Financial Economics, 1996, 42 (1): 133 - 156.

[174] Granovetter, M. Problems of Explanation in Economic Sociology. In N. Nohria And R. G. Eccles (Eds.), Networks and Organizations: Structure, Form, and Action [M]. Boston: Harvard Business School Press, 1992: 25 - 56.

[175] Granovetter, Mark. Economic action and social structure: The problem of embeddedness [J]. American Journal of Sociology, 1985, 91 (3): 481 - 510.

[176] Granovetter M S. The strength of weak ties [J]. American Journal of Sociology, 1973, 78 (6): 1360 - 1380.

[177] Grant R M. The resource-based theory of competitive advantage: Implications for strategy formulation [J]. California Management Review, 1999, 33 (3): 3 - 23.

[178] Guan J, Zhang J, Yan Y. The impact of multilevel networks on innovation [J]. Research Policy, 2015, 44 (3): 545 - 559.

[179] Guler I, Guillen M F. Home country networks and foreign expansion: Evidence from the venture capital industry [J]. Academy of Management Journal, 2010, 53 (2): 390 - 410.

[180] Hagedoorn J, Cloodt M. Measuring innovative performance: Is there an advantage in using multiple indicators? [J]. Research Policy, 2003, 32 (8): 1365 - 1379.

[181] Hagedoorn J, Duysters G. Learning in dynamic inter-firm networks: The efficacy of multiple contacts [J]. Organization Studies, 2002, 23 (4): 525 - 548.

[182] Hain D, Johan S, Wang D. Determinants of cross-border venture capital investments in emerging and developed economies: The effects of relational and institutional trust [J]. Journal of Business Ethics, 2016, 138: 743 - 764.

[183] Hallen B L. The causes and consequences of the initial network posi-

tions of new organizations: From whom do entrepreneurs receive investments? [J]. Administrative Science Quarterly, 2008, 53 (4): 685 -718.

[184] Harmon H H. Modern Factor Analysis [M]. Chicago: The Univesity of Chicago Press, 1967.

[185] Harrison D A, Klein K J. What's the difference? Diversity constructs as separation, variety, or disparity in organizations [J]. Academy of Management Review, 2007, 32 (4): 1199 -1228.

[186] Heene A, Sanchez R. Competence - Based Strategic Management [M]. Wiley, 1997.

[187] Hellmann T, Puri M. Venture capital and the professionalization of start-up firms: Empirical evidence [J]. The Journal of Finance, 2002, 57 (1): 169 -197.

[188] Hirukawa M, Ueda M. Venture capital and innovation: Which is first? [J]. Pacific Economic Review, 2011, 16 (4): 421 -465.

[189] Hochberg Y V, Lindsey L A, Westerfield M M. Resource accumulation through economic ties: Evidence from venture capital [J]. Journal of Financial Economics, 2015, 118 (2): 245 -267.

[190] Hochberg Y V, Ljungqvist A, Lu Y. Networking as a barrier to entry and the competitive supply of venture capital [J]. The Journal of Finance, 2010, 65 (3): 829 -859.

[191] Hochberg Y V, Ljungqvist A, Lu Y. Whom you know matters: Venture capital networks and investment performance [J]. The Journal of Finance, 2007, 62 (1): 251 -301.

[192] Hoenig D, Henkel J. Quality signals? The role of patents, alliances, and team experience in venture capital financing [J]. Research Policy, 2015, 44 (5): 1049 -1064.

[193] Hsu D H, K Lim. Knowledge brokering and organizational innovation: founder imprinting effects [J]. Organization Science, 2014 (25): 1134 -1153.

[194] Hsu D H. Venture capitalists and cooperative start-up commercialization strategy [J]. Management Science, 2006, 52 (2): 204 -219.

[195] Hsu D H. What do entrepreneurs pay for venture capital affiliation? [J]. The Journal of Finance, 2004, 59 (4): 1805 -1844.

[196] Jason P. Davis. Agency and knowledge problems in network dynamics: brokers and bridges in innovative interorganizational relationships [R]. Working Paper, 2010.

[197] Jones C, Hesterly W S, Borgatti S P. A general theory of network governance: Exchange conditions and social mechanisms [J]. Academy of Management Review, 1997, 22 (4): 911-945.

[198] Kang H D. A start-up's financing choice, market capitalization, and industrial network: Evidence from the biotechnology industry [J]. Social Science Electronic Publishing, 2015 (1). Doi: 10.2139/Ssrn.2606856.

[199] Kaplan S N, Strömberg P E R. Characteristics, contracts, and actions: Evidence from venture capitalist analyses [J]. The Journal of Finance, 2004, 59 (5): 2177-2210.

[200] Kavusan K, Frankort H T W. A behavioral theory of alliance portfolio reconfiguration: Evidence from pharmaceutical biotechnology [J]. Strategic Management Journal, 2019, 40 (10): 1668-1702.

[201] Khurshed A, Mohamed A, Schwienbacher A, et al. Do venture capital firms benefit from international syndicates? [J]. Journal of International Business Studies, 2020 (51): 986-1007.

[202] Kortum S, Lerner J. Assessing the contribution of venture capital to innovation [J]. The Rand Journal of Economics, 2000, 31 (4): 674-692.

[203] Kumar P, Zaheer A. Ego-network stability and innovation in alliances [J]. Academy of Management Journal, 2019, 62 (3): 691-716.

[204] Larson A. Network dyads in entrepreneurial settings: A study of the governance of exchange relationships [J]. Administrative Science Quarterly, 1992, 37 (1): 76-104.

[205] Lee P M, Pollock T G, Jin K. The contingent value of venture capitalist reputation [J]. Strategic Organization, 2011, 9 (1): 33-69.

[206] Lindsey L. Blurring firm boundaries: The role of venture capital in strategic alliances [J]. The Journal of Finance, 2008, 63 (3): 1137-1168.

[207] Lin N. Social Capital: A Theory Of Social Structure And Action [M]. Cambridge University Press, 2002.

[208] Liu Y, Maula M. Local partnering in foreign ventures: Uncertainty,

experiential learning, and syndication in cross-border venture capital investments [J]. Academy of Management Journal, 2016, 59 (4): 1407 - 1429.

[209] Longhurst B, Bourdieu P, Moore B. Distinction: A social critique of the judgement of taste [J]. British Journal of Sociology, 1986, 37 (3): 423 - 433.

[210] Lungeanu R, Zajac E J. Venture capital ownership as a contingent resource: How owner-firm fit influences IPO outcomes [J]. Academy of Management Journal, 2016, 59 (3): 930 - 955.

[211] MacLean M, Mitra D, Wielemaker M. Less - versus well-developed venture capital networks: The venture capital acquisition process in New Brunswick [J]. Journal of Small Business & Entrepreneurship, 2010, 23 (4): 527 - 542.

[212] Manigart P. Risks and recruitment in postmodern armed forces: The case of Belgium [J]. Armed Forces & Society, 2005, 31 (4): 559 - 582.

[213] Meuleman M, Jääskeläinen M, Maula M V J, et al. Venturing into the unknown with strangers: Substitutes of relational embeddedness in cross-border partner selection in venture capital syndicates [J]. Journal of Business Venturing, 2017, 32 (2): 131 - 144.

[214] Meuleman M, Wright M, Manigart S, et al. Private equity syndication: Agency costs, reputation and collaboration [J]. Journal of Business Finance & Accounting, 2009, 36 (5 - 6): 616 - 644.

[215] Meuleman M, Wright M. Cross - border private equity syndication: Institutional context and learning [J]. Journal of Business Venturing, 2011, 26 (1): 35 - 48.

[216] Mian S A, Hattab H W. How individual competencies shape the entrepreneur's social network structure: Evidence from the MENA region [J]. International Journal of Business and Globalisation, 2013, 11 (4): 399 - 412.

[217] Milanov H, Shepherd D A. The importance of the first relationship: The ongoing influence of initial network on future status [J]. Strategic Management Journal, 2013, 34 (6): 727 - 750.

[218] Mitchell D E, Wilkinson F. The effect of early astigmatism on the visual resolution of gratings [J]. The Journal of Physiology, 1974, 243 (3): 739 - 756.

[219] Mors M L. Innovation in a global consulting firm: When the problem is too much diversity [J]. Strategic Management Journal, 2010, 31 (8): 841 - 872.

[220] Obstfeld D. Social networks, the tertius iungens orientation, and involvement in innovation [J]. Administrative Science Quarterly, 2005, 50 (1): 100 - 130.

[221] Ozcan P, Eisenhardt K M. Origin of alliance portfolios: Entrepreneurs, network strategies, and firm performance [J]. Academy of Management Journal, 2009, 52 (2): 246 - 279.

[222] Ozmel U, Guler I. Small fish, big fish: The impact of venture capital portfolio composition on affiliation benefits [J]. Strategic Management Journal, 2015 (36): 2039 - 2057.

[223] Ozmel U, Jeffrey J R, Gulati R. Network interdependencies: Relationships between venture capital and strategic alliances [J]. Working Paper, 2009.

[224] Ozmel U, Reuer J J, Gulati R. Signals across multiple networks: How venture capital and alliance networks affect interorganizational collaboration [J]. Academy of Management Journal, 2013, 56 (3): 852 - 866.

[225] Ozmel U, Robinson D T, Stuart T E. Strategic alliances, venture capital, and exit decisions in early stage high-tech firms [J]. Journal of Financial Economics, 2013, 107 (3): 655 - 670.

[226] Pahnke E C, Katila R, Eisenhardt K M. Who takes you to the dance? How partners' institutional logics influence innovation in young firms [J]. Administrative Science Quarterly, 2015, 60 (4): 596 - 633.

[227] Pan X, Song M L, Zhang J, et al. Innovation network, technological learning and innovation performance of high-tech cluster enterprises [J]. Journal of Knowledge Management, 2019, 23 (9): 1729 - 1746.

[228] Peneder M. The impact of venture capital on innovation behavior and firm growth [J]. Venture Capital, 2010, 12 (2): 83 - 107.

[229] Penrose E, Penrose E T. The Theory of The Growth of The Firm [M]. Oxford University Press, 2009.

[230] Perks H, Moxey S. Market - facing innovation networks: How lead

firms partition tasks, share resources and develop capabilities [J]. Industrial Marketing Management, 2011, 40 (8): 1224 – 1237.

[231] Perry – Smith J E. Social yet creative: The role of social relationships in facilitating individual creativity [J]. Academy of Management Journal, 2006, 49 (1): 85 – 101.

[232] Phelps C C. A longitudinal study of the influence of alliance network structure and composition on firm exploratory innovation [J]. Academy of Management Journal, 2010, 53 (4): 890 – 913.

[233] Philbin S. Measuring the performance of research collaborations [J]. Measuring Business Excellence, 2008, 12 (3): 16 – 23.

[234] Pillai K G. Networks and competitive advantage: a synthesis and extension [J]. Journal of Strategic Marketing, 2006, 14 (2): 129 – 145.

[235] Podolny J M. Networks as the pipes and prisms of the market [J]. American Journal of Sociology, 2001, 107 (1): 33 – 60.

[236] Podolny J M. Status Signals: A Sociological Study of Market Competition [M]. Princeton, Nj: Princeton University Press, 2005.

[237] Podsakoff P M, Organ D W. Self – reports in organizational research: Problems and prospects [J]. Journal of Management, 1986, 12 (4): 531 – 544.

[238] Polidoro Jr F, Ahuja G, Mitchell W. When the social structure overshadows competitive incentives: The effects of network embeddedness on joint venture dissolution [J]. Academy of Management Journal, 2011, 54 (1): 203 – 223.

[239] Polidoro Jr F, Yang W. Corporate investment relationships and the search for innovations: An examination of startups' search shift toward incumbents [J]. Organization Science, 2021, 32 (4): 909 – 939.

[240] Pollock T G, Gulati R. Standing out from the crowd: The visibility-enhancing effects of IPO – related signals on alliance formation by entrepreneurial firms [J]. Strategic Organization, 2007, 5 (4): 339 – 372.

[241] Pollock T G, Lee P M, Jin K, et al. (Un) tangled: Exploring the asymmetric coevolution of new venture capital firms' reputation and status [J]. Administrative Science Quarterly, 2015, 60 (3): 482 – 517.

[242] Powell W W, Koput K W, Smith – Doerr L. Interorganizational collaboration and the locus of innovation: Networks of learning in biotechnology [J]. Administrative Science Quarterly, 1996, 41 (1): 116 – 145.

[243] Prahalad C K, Hamel G. The core competence of the corporation [J]. International Library of Critical Writings in Economics, 2003, 163: 210 – 222.

[244] Priem R L, Butler J E. Is the resource-based "view" a useful perspective for strategic management research? [J]. Academy of Management Review, 2001, 26 (1): 22 – 40.

[245] Quintana – García C, Benavides – Velasco C A. Innovative competence, exploration and exploitation: The influence of technological diversification [J]. Research Policy, 2008, 37 (3): 492 – 507.

[246] Reagans R, McEvily B. Network structure and knowledge transfer: The effects of cohesion and range [J]. Administrative Science Quarterly, 2003, 48 (2): 240 – 267.

[247] Reagans R, Zuckerman E, McEvily B. How to make the team: Social networks vs. demography as criteria for designing effective teams [J]. Administrative Science Quarterly, 2004, 49 (1): 101 – 133.

[248] Reuer J J, Tong T W, Wu C W. A signaling theory of acquisition premiums: Evidence from IPO targets [J]. Academy of Management Journal, 2012, 55 (3): 667 – 683.

[249] Richardson S. Over – investment of free cash flow [J]. Review of Accounting Studies, 2006, 11 (2 – 3): 159 – 189.

[250] Rotolo D, Messeni Petruzzelli A. When does centrality matter? Scientific productivity and the moderating role of research specialization and cross-community ties [J]. Journal of Organizational Behavior, 2013, 34 (5): 648 – 670.

[251] Rydehell H, Isaksson A, Löfsten H. Business networks and localization effects for new Swedish technology-based firms' innovation performance [J]. The Journal of Technology Transfer, 2019, 44 (5): 1547 – 1576.

[252] Rydehell H, Isaksson A, Löfsten H. Effects of internal and external resource dimensions on the business performance of new technology-based firms [J]. International Journal of Innovation Management, 2019, 23 (1): 1950001.

[253] Rydehell H, Löfsten H, Isaksson A. Novelty – oriented value propo-

sitions for new technology-based firms: Impact of business networks and growth orientation [J]. The Journal of High Technology Management Research, 2018, 29 (2): 161 -171.

[254] Sampson R C. R&D alliances and firm performance: The impact of technological diversity and alliance organization on innovation [J]. Academy of Management Journal, 2007, 50 (2): 364 -386.

[255] Sauder M, Lynn F, Podolny J M. Status: Insights from organizational sociology [J]. Annual Review of Sociology, 2012, 38 (1): 267 -283.

[256] Schilling M A, Fang C. When hubs forget, lie, and play favorites: Interpersonal network structure, information distortion, and organizational learning [J]. Strategic Management Journal, 2014, 35 (7): 974 -994.

[257] Seibert S E, Kraimer M L, Liden R C. A social capital theory of career success [J]. Academy of Management Journal, 2001, 44 (2): 219 -237.

[258] Senker J. National systems of innovation, organizational learning and industrial biotechnology [J]. Technovation, 1996, 16 (5): 219 -265.

[259] Shane S, Cable D. Network ties, reputation, and the financing of new ventures [J]. Management Science, 2002, 48 (3): 364 -381.

[260] Shane S, Stuart T. Organizational endowments and the performance of university start-ups [J]. Management Science, 2002, 48 (1): 154 -170.

[261] Shin S Y. Network advantage's effect on exit performance: Examining venture capital's inter-organizational networks [J]. International Entrepreneurship and Management Journal, 2019, 15 (1): 21 -42.

[262] Shipilov A V, Li S X. Can you have your cake and eat it too? Structural holes' influence on status accumulation and market performance in collaborative networks [J]. Administrative Science Quarterly, 2008, 53 (1): 73 -108.

[263] Smith S W. Follow me to the innovation frontier? Leaders, laggards, and the differential effects of imports and exports on technological innovation [J]. Journal of International Business Studies, 2014, 45 (3): 248 -274.

[264] Social Interaction and Organisational Change, Aston Perspectives on Innovation Networks [M]. World Scientific, 2001.

[265] Sorenson O, Stuart T E. Bringing the context back in: Settings and the search for syndicate partners in venture capital investment networks [J].

Administrative Science Quarterly, 2008, 53 (2): 266 -294.

[266] Sorenson O, Stuart T E. Syndication networks and the spatial distribution of venture capital investments [J]. American Journal of Sociology, 2001, 106 (6): 1546 -1588.

[267] Spence M. Job Market Signaling [M]. Uncertainty In Economics. Academic Press, 1978.

[268] Stiglitz J E. Capital market liberalization, economic growth, and instability [J]. World Development, 2000, 28 (6): 1075 -1086.

[269] Stuck B, Weingarten M. How venture capital thwarts innovation [J]. Ieee Spectrum, 2005, 42 (4): 50 -55.

[270] Sun S L, Chen V Z, Sunny S A, et al. Venture capital as an innovation ecosystem engineer in an emerging market [J]. International Business Review, 2019, 28 (5): 1 -14.

[271] Sun W, Zhao Y, Sun L. Big data analytics for venture capital application: Towards innovation performance improvement [J]. International Journal of Information Management, 2020, 50: 557 -565.

[272] Sytch M, Tatarynowicz A. Exploring the locus of invention: The dynamics of network communities and firms' invention productivity [J]. Academy of Management Journal, 2014, 57 (1): 249 -279.

[273] Teece D J, Pisano G, Shuen A. Dynamic capabilities and strategic management [J]. Strategic Management Journal, 1997, 18 (7): 509 -533.

[274] Ter Wal A L J, Alexy O, Block J, et al. The best of both worlds: The benefits of open-specialized and closed-diverse syndication networks for new ventures' success [J]. Administrative Science Quarterly, 2016, 61 (3): 393 -432.

[275] Thatcher S M B, Patel P C. Group faultlines: A review, integration, and guide to future research [J]. Journal of Management, 2012, 38 (4): 969 -1009.

[276] Tian X. The role of venture capital syndication in value creation for entrepreneurial firms [J]. Review of Finance, 2012, 16 (1): 245 -283.

[277] Tortoriello M, Krackhardt D. Activating cross-boundary knowledge: The role of Simmelian ties in the generation of innovations [J]. Academy of Man-

agement Journal, 2010, 53 (1): 167 -181.

[278] Tortoriello M, McEvily B, Krackhardt D. Being a catalyst of innovation: The role of knowledge diversity and network closure [J]. Organization Science, 2015, 26 (2): 423 -438.

[279] Tortoriello M. The social underpinnings of absorptive capacity: The moderating effects of structural holes on innovation generation based on external knowledge [J]. Strategic Management Journal, 2015, 36 (4): 586 -597.

[280] Tsai W. Knowledge transfer in intraorganizational networks: Effects of network position and absorptive capacity on business unit innovation and performance [J]. Academy of Management Journal, 2001, 44 (5): 996 -1004.

[281] Uzzi B. The sources and consequences of embeddedness for the economic performance of organizations: The network effect [J]. American Sociological Review, 1996 (61): 674 -698.

[282] Vanacker T, Manigart S, Meuleman M. Path - dependent evolution versus intentional management of investment ties in science-based entrepreneurial firms [J]. Entrepreneurship Theory and Practice, 2014, 38 (3): 671 -690.

[283] Van Beers C, Zand F. R&D cooperation, partner diversity, and innovation performance: an empirical analysis [J]. Journal of Product Innovation Management, 2014, 31 (2): 292 -312.

[284] Van de Vrande V, Vanhaverbeke W. How prior corporate venture capital investments shape technological alliances: A real options approach [J]. Entrepreneurship Theory and Practice, 2013, 37 (5): 1019 -1043.

[285] Verwaal E, Bruining H, Wright M, et al. Resources access needs and capabilities as mediators of the relationship between VC firm size and syndication [J]. Small Business Economics, 2010, 34 (3): 277 -291.

[286] Wadhwa A, Phelps C, Kotha S. Corporate venture capital portfolios and firm innovation [J]. Journal of Business Venturing, 2016, 31 (1): 95 -112.

[287] Wang C, Rodan S, Fruin M, et al. Knowledge networks, collaboration networks, and exploratory innovation [J]. Academy of Management Journal, 2014, 57 (2): 484 -514.

[288] Watkins A. The venture capital perspective on collaboration with large

corporations/MNEs in London and the South East: Pursuing extra-regional knowledge and the shaping of regional venture capital networks? [J]. Review of Policy Research, 2010, 27 (4): 491 -507.

[289] Weber C. Corporate venture capitalists with a "Bird's - Eye View" —— A dynamic social network perspective [J]. Schmalenbach Business Review, 2009, 61 (2): 195 -224.

[290] Wernerfelt B. A resource-based view of the firm [J]. Strategic Management Journal, 1984, 5 (2): 171 -180.

[291] Whitfield G, Landeros R. Supplier diversity effectiveness: Does organizational culture really matter? [J]. Journal of Supply Chain Management, 2006, 42 (4): 16 -28.

[292] Zaheer A, Bell G G. Benefiting from network position: Firm capabilities, structural holes, and performance [J]. Strategic Management Journal, 2005, 26 (9): 809 -825.

[293] Zhang J, Pezeshkan A. Host country network, industry experience, and international alliance formation: Evidence from the venture capital industry [J]. Journal of World Business, 2016, 51 (2): 264 -277.

[294] Zhang L, Guler I. How to join the club: Patterns of embeddedness and the addition of new members to interorganizational collaborations [J]. Administrative Science Quarterly, 2020, 65 (1): 112 -150.

[295] Zhang L, Gupta A K, Hallen B L. The conditional importance of prior ties: A group-level analysis of venture capital syndication [J]. Academy of Management Journal, 2017, 60 (4): 1360 -1386.

附录　调查问卷

尊敬的女士/先生：

您好！

非常感谢您在百忙之中抽出时间参与本次问卷调查！您看到的这份问卷，是一份学术性问卷，是国家自然科学基金项目的组成部分。本问卷仅用于学术研究，不涉及任何商业用途，填写采用无记名方式，答案无对错之分。希望能够借助您在业界工作的经验，支持学术上的观点，您的真实想法就是对我们的莫大帮助。

我们郑重承诺，您对本问卷中的所有回答都将严格保密，我们郑重承诺绝对不会做有损贵公司与您个人利益的任何事，分析的结果将是结论性质的报告，不会泄露任何人的个人回答。本次调查的结果不会用于任何形式的个人表现评价，因此请您放心回答，并请提供真实有效的信息。

最后，请接受我们对您最诚挚的谢意，我们的研究成果将有您宝贵的一份贡献，祝您及您的家人：身体安康，万事顺心！

此致

敬礼！

山西财经大学管理科学与工程学院

填表说明：

1. 如果您收到的问卷是纸质版，那么请您在备选答案中，找出最符合贵公司情况的答案，并在相应的答案中打钩；如果您收到的问卷是电子版，请您把相应的答案涂红即可。

2. 本问卷采用5级打分制，1~5依次表示从“完全不同意”向“完全同意”过渡，其中，1=完全不同意，5=完全同意，您可根据对实际情况的判断选择相应的数字。

3. 若您在填写问卷中有任何疑问或不明白之处，欢迎随时与本人联系，电话、QQ、E-mail 或您认为方便的任何方式皆可。

联系人：常××　　　　联系电话：
QQ：　　　　E-mail：
通信地址：山西省太原市坞城路××号　　　　邮编：030600

如果您对本研究结果感兴趣，请留下您的通信方式，届时我们会在研究完成后第一时间将研究结果发送给您，以供您参考。

一、基本资料

请您根据公司实际情况填写。若为选择项，请您在所选方框上打钩或作任意标记以表示选择该选项。

1. 贵企业的资本规模为________万元

2. 贵企业成立于________年，您在贵企业工作已经有________年

3. 公司性质属于：

□国有企业（含国有控股）　□民营企业（含民营控股）
□中外合资企业　□外商独资企业　□其他（请说明）

4. 公司主导业务所属行业为：

□电子通信　□机械制造　□生物医药　□食品化工
□冶金能源　□软件服务　□其他（请说明）

5. 公司员工总数：

□100 人以下　□101～500 人　□501～1 000 人
□1 001～3 000 人　□3 001 人以上

6. 公司成立年限：

□3 年以下　□4～5 年　□6～10 年　□11～20 年　□21 年以上

7. 您在贵企业的职务是：

□高层管理者　□中层管理者　□基层管理者
□普通职员　□其他（请说明）

8. 您的学历是：

□硕士及以上　□本科　□大专　□高中/中专　□初中及以下

二、相关问题选项

问题一：企业创新绩效

对于以下问题，您的意见是：1－完全不同意；2－基本不同意；3－态度中立；4－基本同意；5－完全同意	完全不同意	基本不同意	态度中立	基本同意	完全同意
EIP1：与贵公司所在网络的其他企业相比，贵公司在交际网络中新产品数更多	1	2	3	4	5
EIP2：与贵公司所在网络的其他企业相比，贵公司在交际网络中申请的专利数更多	1	2	3	4	5
EIP3：与贵公司所在网络的其他企业相比，贵公司在交际网络中新产品市场占有率更大	1	2	3	4	5
EIP4：与贵公司所在网络的其他企业相比，贵公司在交际网络中新产品的开发速度更快	1	2	3	4	5
EIP5：与贵公司所在网络的其他企业相比，贵公司在交际网络中创新产品的成功率更高	1	2	3	4	5

问题二：网络密度

对于以下问题，您的意见是：1－完全不同意；2－基本不同意；3－态度中立；4－基本同意；5－完全同意	完全不同意	基本不同意	态度中立	基本同意	完全同意
ND1：企业的合作伙伴之间存在很多的直接联系	1	2	3	4	5
ND2：企业的合作伙伴之间主要通过本企业建立联系	1	2	3	4	5
ND3：与贵公司所在网络的其他企业相比，企业与同一行业内其他企业之间关系更密切	1	2	3	4	5
ND4：与贵公司所在网络的其他企业相比，企业与高校或科研院所之间关系更密切	1	2	3	4	5

问题三：网络异质性

对于以下问题，您的意见是：1－完全不同意；2－基本不同意；3－态度中立；4－基本同意；5－完全同意	完全不同意	基本不同意	态度中立	基本同意	完全同意
NH1：与贵公司所在网络的其他企业相比，我们与它们在产品上没有太大差异	1	2	3	4	5
NH2：与贵公司所在网络的其他企业相比，我们与它们使用的生产设备没有太大差异	1	2	3	4	5
NH3：与贵公司所在网络的其他企业相比，我们与它们在生产流程和工艺上没有太大差异	1	2	3	4	5